CHOIX DE CHANSONS
ÉROTIQUES ET BACHIQUES,
ROMANCES,
COUPLETS MORAUX
OU
ÉPIGRAMMATIQUES,
ET VAUDEVILLES A REFRAIN.

> . . . . *Condisce modos amanda*
> *Voce quos reddas. Minuuntur atræ,*
> *Carmine curæ.*
> **HORAT.**

A BERLIN,
CHEZ LES LIBRAIRES FRANÇAIS.
M.DCCC.VIII.

TABLE.

M. CARNOT.

	Pages.
Le fils de Vénus	3
Je ne veux pas	28
Chanson bachique	54
Le retour à la chaumière	89
Couplets bachiques	145
Les mœurs de mon village	188

M. CHAZET.

Le rire	10
Le voile	41
Les sermens	76
Le génie de l'amour	96
A Pierre Barré	233

M. E. DESPRÉAUX.

Les mauvais sujets	18
La roue de fortune	52
La nuit blanche	56

Ma tabatière	76
Regrets d'un pauvre diable	102
Sur la mode des Titus	132
Conseil aux Poëtes	155
Mes caprices	168
Conseils à mon heureux rival	182
Éloge des femmes	197
Le poste des amours	205
Couplets à mon infidelle	217
Il faut aimer	222
A une jolie dévote	227

MADAME PERRIER.

Les cinq sens	15
A un amant, qui avoit plus d'amour-propre que d'amour	34
Le désir et le plaisir	62
Le pouvoir de la Musique	81
L'amitié	108
Les femmes vengées	137
L'esprit et l'adresse	161
Les fauvettes	184
La liberté	208
La médiocrité	220

M. PIIS.

Les nids	24
Remontrances aux gourmands	50

TABLE.

	Pages.
Les étrennes	69
Les caquets	73
L'oreille	78
Le quart-d'heure de Rabelais	90
Epigramme	152
L'enterrement différé	193
La police à Cythère	237
Les applaudissemens	243

M. PRÉVÔT D'IRAY.

Il est trop tard	26
Tout en petit	49
Le tête-à-tête	67
Qu'en-dira-t-on	97
La puce à l'oreille	112
Les bords de la Seine	123
Qu'importe	129
Le bon vieux temps	156
Jean Lafontaine	186
Le cœur sur la main	231

M. SÉGUR. (J. A.)

Le voyage	8
La ceinture	39
Sur une pendule	72
Romance	85
Sur l'amitié	109

	Pages.
L'oubli - - - - -	135
Le demi-mot - - - -	167
Sur un Boudoir - - - -	181
Les trois parties du jour - -	213
Les souhaits - - - -	242

M. SÉGUR. (L. P.)

Le plaisir et l'espérance - -	1
Couplet à une jolie femme, qui se regardoit dans son miroir -	20
Les amours de Paris - - -	30
La chaumière - - - -	65
Les oui et les non - - -	104
La verdure - - - -	127
Les amours de Laure - -	146
L'illusion - - - -	158
Chanson morale - - -	171
La gaze - - - -	206
Chanson de Pluton - -	218
Éloge et portrait d'un ami -	225

CHOIX DE CHANSONS.

LE PLAISIR ET L'ESPÉRANCE.

Veut-on connoître de l'amour
La faveur la plus énivrante ?
C'est l'aveu d'un tendre retour
Que prononce une jeune amante.
Il s'échappe avec un soupir
De la bouche de l'innocence,
Et donne plus que le plaisir,
Car il en donne l'espérance.

Dans ce moment, l'amour vainqueu
Modestement verse des larmes ;
Et loin de bannir la pudeur,
Il en augmente encor les charmes.
A l'aveu qu'on vient d'obtenir
Succède un tendre et doux silence :
On craint de parler du plaisir
Dont on sent naître l'espérance.

Mais rarement après l'aveu
On peut écouter la sagesse ;
L'amour, dont il accroît le feu,
Va l'exhaler dans son ivresse.
O vous, qu'Amour sut attendrir
Belles, craignez son inconstance ;
Il fuit sur l'aîle du plaisir
Que suit de trop près l'espérance.

Il est fils du Dieu des combats ;
Il vit tant qu'on lui fait la guerre ;
Mais la volupté dans ses bras
Eteint le flambeau qui l'éclaire.
On voit le tombeau du désir
Sous les fleurs de la jouissance ;
Et souvent, au sein du plaisir,
On en regrette l'espérance.

M. L. P. SÉGUR l'ainé.

LE FILS DE VÉNUS.

Air: *L'amour est un enfant trompeur.*

Qui définira cet enfant
Aussi vieux que le monde,
Marmot, dont l'empire comprend
Les cieux, la terre et l'onde?
Qui, les yeux couverts d'un bandeau,
Lit dans nos coeurs, tient le flambeau
Qui consume et féconde?

C'est lui que célébroit Sapho,
Qu'on adoroit à Gnide,
Qui desséchoit la Nymphe Echo,
Brûloit la Néréide,
Désarmoit le Dieu de l'enfer,
En taureau changeoit Jupiter,
Faisoit filer Alcide.

Qui rend si fier, qui rend si doux,
Si tendre, si coquette,
Si confiant et si jaloux,
Si vive et si discrette;
Qui cède tout, pour tout gagner,
Qui se soumet, pour mieux régner,
Qu'on fuit et qu'on regrette.

Choix

Protée aimable, doux poison,
Source de mal et d'aise,
Souvent dupe et toujours fripon,
Sérieuse fadaise ;
Qui blesse avec des traits dorés,
Brise en riant des nœuds sacrés,
Nous fâche et nous appaise.

Qui par fois émeut la pitié,
Par fois bénit sa chaîne ;
Tantôt ressemble à l'amitié,
Et tantôt à la haine ;
Qui s'alimente de rigueurs,
Expire au comble des faveurs,
Feu céleste, ombre vaine.

M. Carnot.

LA BOUILLOTTE.

Air: *Contre les chagrins de la vie.* (Du petit matelot.)

De Damis écoutez l'histoire,
Tâchez de la mettre à profit,
Et conservez-en la mémoire,
Pour ne point faire ce qu'il fit.
Vous allez voir que, dans la vie,
L'on doit se modérer un peu,
Et, pour *prolonger la partie*,
Ne pas *ouvrir* trop tôt *le jeu.*

Voici le fait: le jeu commence;
Damis *se presse* de *parler;*
On *l'observait*, on le *relance;*
Il est trop fier pour *reculer:*
Il rit, il fait des épigrammes,
Il a *beau jeu*, se croit *sauvé;*
Mais il a contre lui *trois dames....*
Le voilà presque *décavé.*

Cachant son jeu, Chloé *s'engage;*
Damis *la tient*, se croit vainqueur.

Un contre un ; „ j'aurai l'avantage,
„ Dit-il, et *c'est à moi le coeur.*
Chloé *le gagne* et lui réplique :
„ *Votre jeu* ne vaut pas *le mien,*
„ Monsieur : *qui s'y frotte s'y pique* (1).
Près de moi le *coeur* ne peut rien.

Le jeu lui manque, il *baisse*, il *passe;*
Chacun se plaît à le braver :
Il est près de *quitter la place;*
A peine il peut *se relever.*
Enfin, dans ce moment funeste,
Voyant bien qu'il faut *en finir,*
Il *offre* à chaque instant *son reste;*
Mais on ne veut pas *le tenir.*

La veine vient, il joue, il gagne,
Il voit augmenter ses *enjeux,*
Il *se double* et fait *Charlemagne;*
C'est ce qu'on peut faire de mieux.
Mais voyez la faiblesse humaine!
Au jeu bientôt il reprend goût;
Hélas! il *n'était plus en veine;*
Il vient de *perdre son va-tout.*

---

(1) Qui s'y frotte s'y pique. *Mauvais jeu de mots qu'aucun joueur ne manque de répéter, quand il trouve six piques.*

Le sort, qui toujours nous balotte,
Et qui varie à tout moment,
Entre la *vie* et la *bouillotte*
Offre plus d'un rapprochement.
Vous croyez que d'une partie
Damis se plaint.... vous avez tort:
Je vous ai raconté sa vie,
Et je vous préviens qu'il est mort.

M. Armand-Gouffé.

LE VOYAGE.

AIR: *La pitié n'est pas de l'amour.*

A VOYAGER passant sa vie,
Certain vieillard, nommé le *Temps*,
Près d'un fleuve arrive et s'écrie:
„Ayez pitié de mes vieux ans.
„Eh quoi! sur ces bords on m'oublie,
„Moi qui compte tous les instans!
„Mes bons amis, je vous supplie,
„Venez, venez *passer le Temps.*"

De l'autre côté, sur la plage,
Plus d'une fille regardait,
Et voulait aider son passage
Sur un bateau qu'Amour guidait;
Mais une d'elles, bien plus sage,
Leur répétait ces mots prudens:
„Ah! souvent on a fait naufrage
„En cherchant à *passer le Temps.*„

L'Amour, gaîment, pousse au rivage;
Il aborde tout près du *Temps;*
Il lui propose le *voyage*,
L'embarque, et s'abandonne aux vents.

Agitant ses rames légères,
Il dit et redit dans ses chants:
„Vous voyez bien, jeunes bergères,
„Que l'Amour fait *passer le Temps.*"

Mais tout-à-coup l'Amour se lasse;
Ce fut toujours là son défaut;
Le Temps prend la rame à sa place,
Et lui dit: Quoi! céder sitôt!
„Pauvre enfant! quelle est ta faiblesse!
„Tu dors, et je chante à mon tour
„Ce vieux refrain de la sagesse:
„Ah! le *Temps* fait *passer* l'Amour.

M. J. A. Ségur.

LE RIRE.

CHANSON DE TABLE.

AIR: *Mon père était pot.*

Des purs accens de la gaîté
  Turbulent interprête,
Le rire est bien pour la santé
  La plus douce recette.
    C'est un fait: ainsi
    Sans soins, sans souci,
  Chantons, chers camarades,
    Egayons nos jours,
    Et rions toujours
  Pour n'être pas malades.

Il faut convenir qu'un rieur
  A beau jeu sur la terre,
Et qu'il peut, à sa bonne humeur,
  Donner libre carrière.
    D'un rire malin
    Pour doubler soudain
  Les éclats sympathiques,
    Les sots, à mes yeux,
    Valent cent fois mieux
  Que nos auteurs comiques.

Molière connaissait à fond
 L'art d'exciter le rire :
Depuis lui maint auteur profond
 Fit à peine sourire :
  Si de la gaîté,
  Le fleuve arrêté
 Fut gêné dans sa course,
  Il est libre, car
  Le joyeux Picard
 En retrouve la source.

La Grèce était, assure-t-on,
 Le pays d'Héraclite ;
Moi, je conteste, et pour raison,
 Ce fait que l'on nous cite.
  J'ai vu de fort près
  Les tristes Anglais,
 Et je puis vous répondre
  Qu'Héraclite était,
  De droit et de fait,
 Un citoyen de Londre.

Toujours le rire d'un bon coeur
 Est la marque évidente ;
Le rire, ami de la candeur,
 Prouve une ame innocente.
  Hommes sans détours,
  Du rire toujours

Vous fûtes les apôtres.
J'en fais le pari ;
Ceux qui n'ont pas ri
Ont fait pleurer les autres.

La vie est un fort grand banquet
Dont chaque homme est convive ;
Il faut, lorsqu'à table il se met
Que la gaîté le suive.
Rendons par nos jeux
Nos propos joyeux,
Le repas agréable ;
Et puis, comme ici,
Le dîner fini,
Sortons gaîment de table.

M. CHAZET.

LE MOIS DE MAI.

AIR: *Ce mouchoir, belle Raimonde.*

J'avois pris avec Suzette,
Les plus doux engagemens;
Et dans les bras de Lisette,
J'ai trahi tous mes sermens.
Mais si l'amour en murmure,
Pour m'excuser je dirai:
C'est le tort de la Nature,
C'est le tort du mois de Mai.

O que Lisette étoit belle,
Dans ce fortuné moment!
Elle oublioit, l'infidelle!
Qu'elle avoit un autre amant.
Mais la pauvre créature,
Avoit le coeur enflammé
Par les feux de la nature,
Par les feux du mois de Mai.

Si pourtant celle que j'aime,
Pour un oubli d'un instant,
Venoit réclamer de même
Son pardon d'un inconstant!
Que répondre à la parjure
Qui me diroit d'un air gai :
Faites grace à la nature,
Faites grace au mois de Mai?

M. DUPRAT.

LES CINQ SENS.

Air *du vaudeville du Petit Matelot.*

Doux charmes de notre existence,
Sens, dont nous goûtons les bienfaits,
Souffrez que la reconnaissance
Vous adresse quelques couplets.
Aux plaisirs, au bonheur de l'homme
Sachant concourir tour-à-tour,
Qui de vous mérite la pomme?
C'est ce que m'apprendra l'amour.

Tendre amant, quelle est ton extase,
Quand, près du plus aimable objet,
Tes yeux d'une discrète gaze
Peuvent pénétrer le secret!
Immobile, ton pied s'arrête;
Ton cœur brûle de tous les feux;
De plaisir ta bouche est muette;
Ton ame est toute dans tes yeux.

Le parfum qu'exhale une rose
En secret te dit d'approcher ;
C'est sur un sein qu'elle repose
Quand tu brûles de la toucher ;
Ce charme ajoute à ton délire,
Et tu dis, le cœur transporté :
Respirer l'air qu'elle respire
Est la plus douce volupté.

Pomone vient se joindre à Flore,
Pour captiver ton faible cœur :
Offerts par la main qu'on adore,
Les fruits ont un suc enchanteur.
Ta lèvre en frémissant caresse
Les bords d'un vase précieux,
Et soudain la plus douce ivresse
Te porte à la table des dieux.

Mais bientôt deux lèvres vermeilles
Laissent échapper un soupir.....
Quels accens frappent tes oreilles !
Préludes d'un nouveau plaisir,
Ces mots si doux, ces mots je *t'aime*,
Ont retenti jusqu'à ton cœur......
Sens précieux, don du ciel même,
Entendre est le parfait bonheur.

Plus de pouvoir qui te retienne;
Tu la presses contre ton sein,
Ta bouche est unie à la sienne,
Le desir égare ta main.....
Tu touches....tu cesses d'être homme,
Des dieux tu te sens rapprocher :
Sens bienfaiteur reçois la pomme,
Le vrai bonheur est de toucher.

Madame PERRIER.

LES MAUVAIS SUJETS.

Comment avec *mauvais sujets*,
 Faire un bon vaudeville?
Puisqu'avec les meilleurs sujets
 La chose est peu facile?
J'avois eu d'abord le projet
De faire chanson d'un seul jet;
Mais par ma foi, *mauvais sujet*
 Rend ma muse stérile.

Nous sommes, tous, Rois sans sujets,
 Dans cet empire immense;
Pourtant, que de mauvais sujets
 Fourmillent dans la France!
Les démasquer est mon projet;
Mais comme tout *mauvais sujet*
A se fâcher est fort sujet,
 Taisons-nous par prudence.

„Vous êtes un mauvais sujet,
 „Hier me disoit Lise:
„Sur moi vous avez un projet,
 „Pour chose non permise;
„Vous ne venez pas sans sujet:
„A tromper vous êtes sujet,
„De repentir j'aurai sujet
 „Si je vous favorise."

En bonnes mains *mauvais sujet*
  Est rarement passable:
En mauvaises mains, bon sujet
  Est toujours detestable.
Sur la terre, maître ou sujet,
Avec et souvent sans sujet,
Quand il prend femme est fort sujet
  A se donner au diable.

On dit souvent avec sujet:
  „La vie est un passage;„
Et l'homme encor dans le trajet
  Est battu par l'orage;
Il vient au monde sans sujet,
A mille maux il est sujet,
Il s'en retourne sans sujet;
  A quoi bon le voyage?

Auteurs, qui traitez un sujet,
  En vers ou bien en prose,
Tâchez d'avoir un bon sujet:
  C'est la première chose.
Minces sujets, petits sujets,
Pauvres sujets, mauvais sujets,
Tous ces sujets sont fort sujets
  Aux sifflets ... et pour cause.

M. ETIENNE DESPRÉAUX.

CHANSON

pour une jolie femme, qui se regardoit dans son miroir.

Air: *De Raymonde.*

Dans un miroir de sa mère,
Un jour l'Amour se miroit :
Plus joli qu'à l'ordinaire,
Le petit Dieu s'admiroit.
Ce miroir n'étoit qu'un verre ;
De son erreur on rioit :
Car Sophie étoit derrière ;
C'étoit elle qu'il voyoit.

M. L. P. Ségur, l'aîné.

ANACREON.

AIR: *Trouverez-vous un parlement.*

Dis-nous, galant *Anacréon*,
Si, dans le livre de mémoire,
Jaloux d'écrire aussi ton nom,
Tu pensas jamais à ta gloire?
Ce fantôme brillant et vain,
T'avisas-tu de le poursuivre?
Insouciant du lendemain,
T'occupas-tu de te survivre?

Non, d'un frivole souvenir,
L'ambition trop insensée,
Dans la nuit du sombre avenir,
N'égara jamais ta pensée.
Tes beaux jours, jusques aux derniers,
Virent pour toi des fleurs écloses;
Et si tu cueillis des lauriers,
Ce fut en moissonnant des roses.

Le front paré de pampres verts,
Dans l'accès d'un tendre délire,
Des chants légers, de jolis vers
Echappaient sans peine à sa lyre.

L'Amour par-tout les a semés,
Et d'*Anacréon*, sur ses ailes,
A travers vingt siècles charmés,
Ont voltigé les bagatelles.

Laissons le Stoïque orgueilleux
Que son école défie,
Repousser cet ami des dieux
Du seuil de la philosophie.
Qui d'entr'eux, en moralisant,
A déployé plus de sagesse,
Qu'*Anacréon* en méprisant
La mort, la gloire et la richesse?

Eh! quel bonheur ont-ils goûté,
Ces sages de la Grèce antique?
Combien d'heureux jours a compté
L'élève austère du portique?
De *Théos* le chantre amoureux
Sut embellir ce court passage;
Et puisqu'il fut le plus heureux,
Anacréon fut le plus sage.

M. Desprez.

ODE

TRADUITE D'ANACRÉON.

L'Amour un jour fut piqué d'une abeille,
Son doigt se gonfle, il se croit déjà mort :
Il va frappé d'une peur sans pareille,
Vite à Vénus se plaindre de son sort.

Si vous souffrez d'une foible piqûre,
Répond Vénus, songez à la douleur,
Que doit causer la cruelle blessure,
Que font vos traits quand ils percent un
     cœur.

M. JACQUELIN.

LES NIDS.

Air: *Je l'ai planté, je l'ai vu naître.*

Lorsqu'au printemps sous ma fenêtre,
Reverdissent les arbrisseaux,
Des oiselets qui doivent naître,
J'aime à contempler les berceaux.

Et j'éloigne à coups de baguettes,
L'essaim des jeunes polissons,
Qui voudroient dans leurs amourettes,
Troubler linottes et pinsons.

Si la femelle au nid travaille,
Le mâle en fait bien vite autant;
Dès qu'elle y porte un peu de paille,
Il y porte un peu de ciment.

A peine sur la plume douce
Les œufs chéris sont-ils pondus,
Que par des boulevarts de mousse,
Contre l'air, ils sont défendus.

Pour les couver, couple fidèle,
Matin et soir, relayez-vous !
En vain leur coquille est rebelle,
Petits becs frappent des grands coups.

Eh! quelle nombreuse nichée
Vient donc d'éclore en un clin d'œil?
Le père chante, et l'accouchée
S'en pâme de joie et d'orgueil.

Ils sont beaucoup, mais la nature
Avec l'amour y pourvoira:
Un seul moment, de nourriture
Aucun d'eux tous ne manquera.

Et si de leur perçant ramage,
Ces nouveaux nés frappent les airs,
C'est que sans doute, en leur langage
Ils expriment ces quatre vers:

„ Nous allons tous tant que nous sommes,
„ Par notre mère être élevés :
„ Peut-être, si nous étions hommes,
„ Serions-nous aux *Enfans trouvés*.

M. DE PIIS.

IL EST TROP TARD.

Qu'est-ce que la vie ? un voyage,
Dont les deux tiers sont à l'amour.
Semons des fleurs sur le passage,
Afin d'en cueillir au retour.
Lorsqu'on a vu fuir le bel âge,
Sans qu'amour en ait pris sa part,
Il est trop tôt pour être sage,
Pour être heureux, il est trop tard.

Il faut pour voguer à Cythère,
Choisir la saison du printemps.
La femme qui croit toujours plaire,
Dit : ,, Laissons languir les amans. ,,
Mais bientôt je plains la coquette :
Son âge perce sous le fard.
Il est trop tôt pour la retraite,
Pour le voyage, il est trop tard.

Cueillez la fleur à peine éclose,
Si vous desirez en jouir.
Je dis, voyant bouton de rose,
,, Il est trop tôt pour le cueillir. ,,

Mais l'amour me dit à l'oreille:
„Va, crains le plus léger retard;
„Il n'est jamais trop tôt la veille;
„Le lendemain, il est trop tard."

Lise est simple et sans artifice;
Colin dit: „c'est ce qu'il me faut.
„Pourtant si jeune, si novice....
„L'épouser déjà! c'est trop tôt!"
Mais à peine est-il en ménage,
Qu'il soupçonne un fâcheux hazard,
Le soir même du mariage,
Colin s'écrie: „il est trop tard!"

Mariez vos filles, pour cause,
L'hymen veut cueillir une fleur.
Avant lui, lorsqu'on en dispose,
Il s'éloigne ou vous tient rigueur.
Annette est naïve et gentille;
Sa maman la prend à l'écart.
— Il est trop tôt; pas vrai, ma fille?
— Eh! non, ma mère, il est trop tard.

M. Prévôt-d'Iray.

JE NE VEUX PAS.

AIR: *Chansons, chansons.*

D'où te vient cette fleur charmante?
Elle est divine, elle m'enchante,
    Disoit Lucas:
Donne-la moi, belle Thémire.
— Monsieur, cela vous plaît à dire,
    Je ne veux pas.

Une fleur est si peu de chose!
Peut-on refuser une rose
    A son Lucas?
Prends donc pitié de mon martyre....
Mais elle s'obstinoit à dire:
    Je ne veux pas.

Cependant Lucas par son zèle,
Commençoit à mettre la belle
    Dans l'embarras.
Lucas, dit-elle, je soupire;
Mais ne croyez pas me séduire,
    Je ne veux pas.

Lucas ne perdant point courage,
Prenoit enfin tant d'avantage
    Sur ses appas,
Qu'à peine à la pauvre Thémire
Il restoit la force de dire:
    Je ne veux pas.

Mais on ne voulut point entendre,
Un refus fait d'un air si tendre
    D'un ton si bas.
La belle connut son délire,
Quand il n'étoit plus temps de dire,
    Je ne veux pas.

Belles, de l'amant qui vous presse
Voulez-vous augmenter l'ivresse
    En pareil cas?
Tout en faisant ce qu'il désire,
N'oubliez jamais de lui dire:
    Je ne veux pas.

M. CARNOT.

LES AMOURS DE PARIS.

Air: *Du Vaudeville de Figaro.*

Aujourd'hui l'amour commode
Ne nous donne que des fleurs:
On en bannit la méthode
Des vains soupirs et des pleurs.
A Paris telle est la mode:
Trois jours durent nos amours;
Ils finissent en trois jours.   (*bis.*)

Au repos d'un bon ménage
Ce système doit pourvoir;
Le mari le plus sauvage
N'a plus le temps de rien voir.
Comment surprendre au passage,
D'aussi rapides amours,
Qui s'envolent en trois jours?   (*bis.*)

Cet usage salutaire
Ne doit pas vous engager,
Par le désir de trop plaire
Au plaisir de trop changer.
Soyez soumis, et sincères,
Et constans dans vos amours;
Ne quittez qu'après trois jours.   (*bis.*)

Ce nombre est très-nécessaire :
Le premier, c'est pour l'aveu ;
Le second, c'est un mystère ;
Le troisième est pour l'adieu.
Aimer, vaincre et se déplaire,
C'est l'histoire des amours ;
Elle finit en trois jours.   (*bis.*)

N'allez pas, censeur austère,
Me juger par ce discours :
Mon humeur n'est point légère ;
J'aime et j'aimerai toujours.
Or, voici tout le mystère ;
Sachez que, dans mes amours,
Trois siècles, ce sont trois jours. (*bis.*)

M. L. P. Ségur l'aîné.

LA DISCRÉTION.

AIR: *Ce mouchoir, belle Raymonde.*

J'AIME assez le vieil adage,
Qui nous dit: *trop parler nuit.*
Pour vivre en paix, l'homme sage
Fuit l'éclat et craint le bruit.
Amis, sachons donc nous taire:
Amusons-nous, mais tout bas;
Tout ce qui nous plaît à faire,
Faisons-le, n'en parlons pas.

J'aime à pratiquer encore
Cet adage très-chrétien;
Cet adage que j'honore,
Qui nous dit: *faites le bien.*
Le bien qu'on fait sans mystère,
Perd son charme et ses appas;
Mes amis, pour bien le faire,
Faisons-le, n'en parlons pas.

J'entends dire à ma Glycère:
Il faut faire aussi l'amour;
Depuis longtemps, sur la terre
Chacun le fait à son tour;

La tâche est douce et légère :
Faisons l'amour en ce cas ;
Mais avec notre Bergère
Faisons-le, n'en parlons pas.

M. Armand Gouffé.

A UN AMANT
Qui avait plus d'amour-propre que d'amour.

Enfin, perfide, de ton ame
J'ai dévoilé l'obscurité;
J'ai vu, dans ta trompeuse flamme
Moins d'amour que de vanité.

Ma conquête te semble belle :
De tant de soins voilà l'objet.
Ingrat, ce que tu fais pour elle,
Pour moi tu ne l'eusses point fait.

Non, ce n'est pas un feu sincère
Qui, près de moi, sait t'enflammer;
Tu te fais gloire de me plaire
Bien plus encor que de m'aimer.

Ton ame est bien un peu touchée
Du charme d'un engagement;
Mais si j'étais moins recherchée,
Tu ne me chercherais pas tant.

Publiquement, quoique j'en gronde,
Par-tout tu me suis nuit et jour...
En le prouvant à tout le monde,
Crois-tu me prouver ton 'amour?

Je souffre même, je l'avoue,
Quand de moi tu dis tant de bien:
L'indifférent approuve et loue;
L'amant jouit et ne dit rien.

Oui, j'ai deviné ta conduite;
Ton orgueil seul te fait la loi;
Si tu vas prônant mon mérite,
C'est qu'il peut rejaillir sur toi.

J'ai peu de talens en partage,
Mais ton orgueil y met un prix;
Et tu crois être davantage
A l'ombre de ce que je suis.

Loin de moi cette triste flamme!
Je ne puis devoir, sans dépit,
Les jouissances de mon ame
Aux froids calculs de ton esprit.

Que l'on admire sa maîtresse,
Ce sentiment honore et plaît;
Mais, moi, je veux que la tendresse
En soit la cause et non l'effet.

Tu cesses de m'en faire accroire,
Laisse un inutile détour;
Homme vain, cherche ailleurs la gloire....
Je vais ailleurs chercher l'amour.

Madame PERRIER.

LES ADIEUX.

Qu'il est cruel le moment des adieux,
Lorsqu'à jamais on perd ce qu'on adore;
Mais pour le coeur ce moment est heureux,
Lorsque bientôt on doit se voir encore!

Non, ce bonheur est mêlé de regrets;
On est si bien, près de ce qu'on adore!
Ah! lorsqu'on peut ne se quitter jamais,
On est, je crois, bien plus heureux encore.

M. JACQUELIN.

PORTRAIT
D'UN VÉRITABLE AMANT.

Belles, voulez-vous éprouver
Le bonheur d'un amour durable?
Appliquez vos soins à trouver
Un ami tendre et véritable.
Si, moins épris de la beauté,
Que d'une ame sensible et pure,
Près de vous il reste enchanté....
Ah! rendez grace à la Nature!

Déjà doucement attiré
Dans vos liens ce cœur s'engage:
Déjà ce cœur est épuré,
Vous fixez un amant volage.
Tantôt ardent, impétueux,
Il ose attenter à vos charmes;
Tantôt soumis, respectueux,
Il s'en excuse par ses larmes.

Ne craignez pas de trop chérir
Un ami de ce caractère.
Il est capable d'attendrir
La sagesse la plus austère.

Si vous comblez ses vœux un jour,
Pourroit-il vous en faire un crime?
Ah! vous accroîtrez son amour,
Vous ne perdrez pas son estime.

Toujours ami de la vertu,
Il y rappellera sans cesse
Votre foible cœur combattu
Entre l'amour et la sagesse.
Un noble et doux attachement
Remplira son ame sincère;
A la tendresse d'un amant,
Il unira celle d'un père.

Mais de ces amans délicats
Combien l'espèce est peu commune!
Belles! sachez en faire cas...
Il n'en est pas un pour chacune.
Goûtez le bienfait de l'amour;
Que sa flamme soit vive et pure:
Le grand feu de l'astre du jour,
Est le bonheur de la nature.

M. DUPRAT.

LA CEINTURE.

AIR: *Tout consiste dans la manière.*

Coridon et la jeune Annette
S'aimoient tous deux, depuis deux ans.
Une flamme vive et discrette
Animoit ces tendres amans :
Ils étoient encore à cet âge
   Où le coeur
Peut goûter, sans prévoir l'orage,
   Le bonheur.

Rempli de crainte et d'espérance,
Coridon cachoit ses désirs :
Deux ans de soins et de constance,
Etoient perdus pour les plaisirs.
Souvent, près de sa chère Annette,
   Il soupiroit,
Et la sensible bergerette
   L'entendoit.

Voyant une flamme si pure,
Elle sourit à son amant,
Puis s'attachant une ceinture,
Elle lui dit, en rougissant :

„Coridon, ton amour extrême
    „Veut un prix;
„Vois ces deux moitiés de moi-même,
    „Et choisis.

Comment rendre la douce ivresse,
De ce tendre et fidèle amant?
Il faut adorer sa maîtresse,
Pour se peindre un pareil moment.
Il regarde Annette, il l'embrasse
    Avec ardeur,
Et lui dit: „je choisis la place
    „De ton cœur."

Pour Coridon, une foiblesse
Doit aisément se pardonner:
Si rare est sa délicatesse!
Il fallut bien la couronner.
D'amour, la bergère énivrée,
    Le regarda;
La ceinture fut desserrée
    Et tomba.

M. J. A. Ségur.

LE VOILE.

Air: *Vaudeville du mur mitoyen.*

Le *voile* irrite le désir,
Et, protecteur de l'innocence,
Il sert les femmes qu'il dispense
D'être belles ou de rougir.
Sous le *voile* de la décence,
La prude se cache avec soin,
Et du *voile* de l'indulgence,
Un auteur a toujours besoin.

Les *voiles* sont multipliés:
Jadis ils couvraient le visage;
Mais, graces au moderne usage,
Ils tombent de la tête aux pieds.
Vive cette mode nouvelle!
On se cache pour se parer.
Aujourd'hui, sans *voile*, une belle
N'oserait jamais se montrer.

Peintre délicat et touchant,
Favart, si tu sais toujours plaire,
Si ta grace, vive et légère,
Nous charme en nous décourageant,

C'est que souvent ta muse aimable,
Joignant le goût à la candeur,
Leva le *voile* de la fable,
Jamais celui de la pudeur.

Le *voile* masque maint défaut:
Bien souvent, lorsque je compose,
Pour gazer à propos la chose,
J'emprunte le *voile* du mot.
Le *voile* de la modestie
A, sur-tout, droit de nous toucher,
Et, par sa vertu, multiplie
Les talens que l'on veut cacher.

Quand je ris, mon but est rempli;
Le bon vin, la gaîté badine,
Sur le passé qui me chagrine,
Jettent le *voile* de l'oubli.
Des maux que le présent me cause,
L'espoir, habile à m'affranchir,
Sous son *voile* couleur de rose,
Me fait embrasser l'avenir.

M. CHAZET.

REGRETS D'AMOUR.

Bords charmans que la Seine arrose,
Vous avez vu dans son été,
Se flétrir et tomber ma Rose;
C'est donc le sort de la beauté!
Ah! sa mort n'a rien qui m'étonne;
J'ai dit en la voyant souffrir:
Elle est simple, naïve et bonne,
C'est aux champs qu'elle doit mourir.

Vous, qu'elle embellissoit encore,
Gazons rians, sombres forêts,
Et toi, doux lever de l'aurore,
Pour moi vous n'avez plus d'attraits.
Le spectacle de la nature
Attriste mon coeur et mes yeux.
Les prés, les bois et la verdure,
Tout me dit: vous n'êtes plus deux.

Cher portrait qui me la rappelles,
Tu viens augmenter mes regrets:
Voilà ses yeux, ses traits fidèles;
Je ne les reverrai jamais!
De larmes en vain je t'arrose,
Bannissons un frivole espoir;
Cette onde ranime une rose,
Les pleurs n'en ont pas le pouvoir.

M. JACQUELIN.

CHAULIEU.

AIR: *Femmes, voulez-vous éprouver ?*

Sage, aimable et voluptueux
Disciple et rival de Chapelle,
La grace est ton partage heureux ;
Chaulieu, ton seul nom la rappelle.
Jaloux d'amuser ton loisir
Plus que d'illustrer ta mémoire,
Tu ne cherchais que le plaisir ;
Chaulieu, tu rencontras la gloire.

Rimeur facile, ingénieux,
Quelquefois ta Muse indolente
Touche son luth harmonieux
D'une main molle et nonchalante ;
Mais souvent trop d'art affaiblit
Le doux charme de la nature ;
Souvent la beauté s'embellit
De ce qui manque à sa parure.

Jardin riant, paisible lieu,
Du Temple heureuse solitude (1),
Où Rousseau, Lafare et Chaulieu
Goûtaient les charmes de l'étude !

---

(1) L'abbé de Chaulieu était logé au Temple.

Là, les échos nous ont redit
Que, sous l'ombrage solitaire,
Mille fois leur goût applaudit
Aux premiers accens de Voltaire.

C'est encor là que deux guerriers,
Deux Vendôme, amis du poète (1),
Coiffés de pampre et de lauriers,
Venaient souper dans sa retraite.
Couple aimable, illustre et gourmand,
Brillant de grace et de génie,
Sachant conduire également
Un siége, une intrigue, une orgie.

Jamais Chaulieu n'eut d'ennemis,
Hors la goutte affreuse et cruelle,
Qu'à pas lents chez tous ses amis
La volupté mène avec elle.
Il la reçut dans son séjour,
Exempt d'humeur et de colère,
Comme une fille de l'Amour,
Sans se brouiller avec son père (2).

---

(1) Le duc de Vendôme et le grand prieur son frere.

(2) Chaulieu dit de lui-même:
„ Et livré tout entier à qui l'a su charmer,
„ Il sert encore un dieu qu'il n'ose plus nommer. „

Abbé, mais peu fervent, dit-on,
Philosophe et plein d'indulgence,
L'Église, ainsi que l'Hélicon,
L'accuse un peu de négligence ;
D'Oléron le prieur vanté (1)
Ne chanta ni vêpres, ni messe :
Aussi n'est-il un saint fêté
Qu'au calendrier du Permesse.

M. Desprez.

---

(1) Il étoit Prieur de l'Abbaye d'Oléron.

TOUT EN PETIT.

AIR: *Mon père étoit pot.*

Dans un petit coin je voudrois
 Un petit hermitage,
Où je pourrois jouir en paix
 De mon petit ménage.
  Un petit berceau,
  Un petit ruisseau,
 Faisant petit murmure;
  Un petit bateau,
  Un petit côteau
 Couronné de verdure.

Prenant petits poissons au bout
 D'une petite ligne,
Je voudrois posséder sur-tout
 Une petite vigne.
  Dans mon petit bien,
  Même un petit chien,
 Combleroit mon envie:
  Un petit enfant,
  Et par conséquent
 Une petite amie.

Un petit souper sans façon
  Est un bien délectable.
Je veux, en petite maison,
  Une petite table.
    Dans tous mes repas
    Force petits plats;
 Puis d'un vin de Tonnerre.
    Boire un petit coup,
    Ou boire beaucoup;
 Mais dans un petit verre.

Par de petits soins, en amour,
  Chacun prend sa chacune;
Le gagne-petit fait un jour
  Sa petite fortune.
    Petit, dit beaucoup.
    Mon petit, dit tout.
 Quand la petite Rose
    Au petit Bastien
    Dit: petit vaurien;
 C'est qu'il vaut quelque chose.

Il ne faut qu'un petit réduit
  A l'enfant de Cythère.
Dans l'asyle le plus petit
  Le bonheur se resserre.
    Point de grands palais;
    De l'éclat jamais,

L'amour ne s'embarrasse ;
>Des biens le plus doux
>Est celui de tous
Qui veut le moins de place.

Voyant dans mon petit jardin
>En petit la Nature,
Savourant un plaisir sans fin
>A petite mesure,
>>Il me suffiroit
>>En petit bosquet
D'être un petit Alcide ;
>>J'irois pas-à-pas
>>Aux petits états
Du petit Dieu de Gnide.

M. PRÉVÔT D'IRAY.

REMONTRANCES aux GOURMANDS.

AIR: *Charmante Gabrielle*.

Frères en gourmandise,
Je suis votre prieur :
Il faut que je vous dise
Ce que j'ai sur le coeur.
Par trop d'esprit notre ordre
  Peut s'écrouler....
Contentons-nous de tordre
  Et d'avaler.

Pouvez-vous quand on monte
Et poularde et poulet,
Suivre le fil d'un conte,
Ou le fil d'un couplet?
Tout ce fil à retordre
  Me fait trembler.
Contentons-nous de tordre
  Et d'avaler.

Gargantua qu'on range
Parmi nos fondateurs
Nous dit qu'il faut qu'on mange
Et non pas d'être auteurs.

Bornons-nous à son ordre,
 Et sans souffler,
Contentons-nous de tordre
 Et d'avaler.

Que le Dieu du silence,
Perché sur un plateau,
Offre ici pour sentence,
Dans un vaste écriteau :
Quand il s'agit de mordre
 Pourquoi parler ?
Contentons-nous etc.

Que sur votre fourchette
Planent toujours vos yeux.
Restez dans votre assiette ;
Où peut-on être mieux ?
Je n'en saurois démordre :
 Pour nous régler,
Contentons-nous etc.

Confessez, les mains jointes,
Que dans tous nos repas,
Vous hazardez des pointes,
Qu'on ne digère pas.
De peur de voir notre ordre,
 Se ravaler,
Contentons-nous de tordre
 Et d'avaler.

M. DE PIIS.

LA ROUE DE FORTUNE.

Si la fortune avoit mes yeux,
Ou si je gouvernois sa roue,
Que d'êtres elle élève aux cieux,
On verroit ramper dans la boue !
Mais la quinteuse à chaque instant,
Sans choix, ramasse dans la foule,
Le téméraire ou l'intriguant,
Qui s'accroche à son char et roule.

L'imprudent, l'heureux, ou le fou,
Qui parvient à gagner le faîte,
Veut, à l'instant, y mettre un clou,
Pour qu'en ce point elle s'arrête.
Ambitieux, c'est bien à tort
Que tu crois parer ta culbute :
Plus haut t'a fait grimper le sort,
Plus rapide sera ta chûte.

Nombre de billets, noirs et blancs,
Sont dans le centre de la roue ;
La fortune dans tous les rangs,
Au gré des vents, les jette et joue.

Sur cent, qui voudroient en avoir,
Un seul contente son envie.
Combien d'humains, en vain espoir,
Passent le cercle de leur vie !

Joueur, guerrier, et potentat,
Que le sort met sur cette roue,
Pour votre rang ou votre éclat,
N'attendez pas que je vous loue.
Atteignez le but de vos voeux,
Ce ne sera qu'un court passage.
Je ris.... vous vous croyez heureux,
Le bonheur n'appartient qu'au sage.

M. Etienne Despréaux.

CHANSON BACHIQUE.

Buvons outre mesure,
Aux enfans d'Epicure,
Buvons à tous les fous.
Messieurs, les raisonnables,
Allez à tous les diables,
Ou trinquez avec nous.

Bien mieux que la Physique,
Notre systême explique
La foudre et ses carreaux.
Quand vous croyez qu'il tonne,
C'est que Bacchus entonne
Du vin dans ses caveaux.

Hyppocrate radote,
Et sa faculté sotte,
En parlant du mousseux.
Narguons leur botanique,
C'est une politique
Pour boire tout entr'eux.

Noé, ce joyeux père,
Qui montroit son derrière,
Quand il avoit bien bu,
Valoit, sur ma parole,
Cent foit mieux que le drôle,
Qui rit de l'avoir vu.

Vous avez lu peut-être
Que la Grèce vit naître
Le docte Anacréon :
Moquons-nous de l'histoire,
Il vaut beaucoup mieux croire,
Qu'il étoit Bourguignon.

Pour triompher des belles,
Pour dompter des cruelles,
Avalez du vin vieux.
Dans l'amoureux mystère,
Nous ferions de l'eau claire,
Sans ce présent des dieux.

Ame de la folie,
Doux charme de la vie,
Remède à tous les maux !
Il porte l'allégresse,
Guérit de la sagesse,
Et purge nos cerveaux.

Mais du ciel empyrée
La cohorte sacrée,
Sourit à mes accords :
Je vois, loin de ce monde,
Les Dieux à table ronde,
Partager mes transports.

M. CARNOT.

LA NUIT BLANCHE.

Passer une nuit blanche,
C'est être sans dormir;
Il n'est point de nuit blanche,
Sans peine ou sans plaisir.
Une heureuse nuit blanche
Dure bien peu de temps!
Malheureuse nuit blanche
Dure, je crois, cent ans.

Pour dame belle et blanche,
D'une illustre maison,
Et qui se nommoit *Blanche*,
Je perdis la raison;
N'osant à cette Blanche,
Confier mes douleurs,
Quelle longue nuit blanche
Je passai dans les pleurs!

Comme une vierge, *Blanche*
Etoit mise toujours;
Légère étoffe blanche
Couvroit ses beaux contours.

Souple ceinture blanche
Maintenoit ses atours;
Près son sein, rose blanche
Agaçoit les amours.

De la céleste *Blanche*,
J'étois vraiment épris;
Et je comparois Blanche
A la belle Cypris.
Pour rencontrer ma Blanche,
J'allois un soir, au bal;
Et j'eus, cette nuit blanche
Un bonheur sans égal.

En dansant avec Blanche,
J'osai serrer sa main,
Et ma divine Blanche
Y répondit soudain.
O charmante main blanche,
Qui tous mes sens troubla!
Quelle aimable nuit blanche
Je passai ce jour-là!

A ma déesse *Blanche*,
Je fis constante cour;
Et l'adorable *Blanche*,
Sensible à mon amour,

M'accorda carte blanche
Sur ses divins appas.
Quelle heureuse nuit blanche
Je passai dans ses bras!

Mais six mois après, *Blanche*
Prit un nouvel amant;
Je passai la nuit blanche
Dans le plus grand tourment.
Une heureuse nuit blanche
Dure bien peu de temps!
Malheureuse nuit blanche
Dure, je crois, cent ans.

M. E. Despréaux.

BON JOUR ET BON SOIR.

Je peindrai sans détour
Tout l'emploi de ma vie :
C'est de dire *bon jour*
Et *bon soir* tour-à-tour.
Bon jour à mon amie,
Lorsque je puis la voir ;
Mais au fat qui m'ennuie,
  Bon soir.

Bon jour, jeune beauté
Qui choisis pour escorte
Esprit, raison, gaîté,
Douceur, grace et bonté ;
Ton aspect me transporte....
Mais si de ton boudoir
L'or seul ouvre la porte,
  Bon soir.

Bon jour, aimable fleur,
Dit tout bas à la rose
Le papillon flatteur
Qui guette une faveur.
Sur la fleur il repose,
Elle est en son pouvoir :
Mais après une pause....
  Bon soir.

M. Armand Gouffé.

LA PENSÉE.

AIR: *Philis demande son portrait;*
ou *de Joconde.*

Ce bouton va s'ouvrir, enfin
  J'apperçois la pensée,
Au velours éclatant et fin,
  A la fleur nuancée.
Jeune Elisa, je veux la voir
  Contre ton sein, placée;
Celle que j'aime doit avoir
  Ma première pensée.

Elisa joint à la bonté,
  La malice charmante:
Elisa joint à la beauté,
  Cet esprit qui l'augmente.
La rose ainsi dans un bouquet,
  Brille encor, rehaussée,
Quand on a su, d'un art coquet,
  L'unir à la pensée.

Au milieu des jardins pompeux,
  D'autres fleurs, plus riantes,
S'énorgueillissent à nos yeux,
  De leurs couleurs brillantes.

Piquante et modeste, à la fois,
  Trop souvent délaissée,
C'est dans un vallon, dans un bois,
  Que se plaît la pensée.

Viens pomper ses sucs bienfaisans,
  Industrieuse abeille;
Par un de ses plus doux présens,
  Flore ouvre sa corbeille.
Viens sucer un miel pur et frais;
  Et d'une aîle empressée,
Préviens les frêlons, toujours prêts
  A piller la pensée.

L'esprit fait naître aussi des fleurs;
  Il aime à les répandre:
Le plus lourd des compilateurs,
  Lui-même ose y prétendre.
Mais dans ses écrits sans appas,
  La fleur la plus passée,
La fleur qu'on n'y rencontre pas,
  Hélas! c'est la pensée.

M. Desprez.

LE DÉSIR ET LE PLAISIR.

Air: *Femmes qui voulez éprouver.*

Un enfant beau comme le jour
Erroit dans les jardins de Flore :
Ah ! m'écriai-je, c'est l'Amour...
Fuyons, s'il en est tems encore.
Non, c'est le Désir, ne crains rien.
Répond l'enfant d'une voix tendre...
Mais nous nous ressemblons si bien,
Qu'on peut aisément s'y méprendre.

Non loin de nous un autre enfant,
Dans des bosquets semés de roses,
Tour-à-tour les éparpillant,
Cueilloit toujours les moins écloses.
C'est mon frère, dit le Désir...
Mais redoutez sa perfidie :
Quand j'existe pour le nourrir,
Chaque jour il m'ôte la vie.

Vers nous accourant à grands pas,
Sur moi l'enfant se précipite...
Je suis à peine dans ses bras,
Ma raison fuit, mon cœur palpite.

Après ces transports inconnus,
Du Désir je cherchai la trace:
Hélas! il n'était déjà plus;
Le regret avait pris sa place.

Confuse, je baisse les yeux:
J'aperçois mon désordre extrême,
Quand un voile mystérieux:
Soudain se répand sur moi même.
La Pudeur, pour me secourir,
Venait de descendre sur terre...
Et le Désir et le Plaisir
Marchaient sur les pas de leur mère.

Calmez, me dit-elle, vos sens...
Je viens terminer votre peine.
Ne redoutez plus deux enfans
Que vers vous la Pudeur ramène.
Les maux que mon exil a faits,
Je le sais trop, sont innombrables....
Mais je prétends que désormais
Mes deux fils soient inséparables.

Madame PERRIER.

DOUX SOUVENIR.

Air: *Jeunes amans, cueillez des fleurs.*

Tant que mes désirs amoureux
N'ont pas recherché l'innocence,
Aux dames qui m'ont fait heureux,
Je dois de la reconnoissance.
Cependant, sans les mépriser,
J'aime mieux, quand je m'examine,
Le doux souvenir d'un baiser,
D'un baiser de ma Caroline.

Désormais, je peux sans danger,
M'asseoir auprès des autres belles,
Mon coeur trop heureux pour changer,
Ne veut plus soupirer pour elles.
Quand je me permettrois d'oser,
Tout ce qu'un amant imagine....
Cela vaudroit-il un baiser,
Un baiser de ma Caroline ?

O plaisir pur, ô doux transports !
Je sens mon ame qui s'exhale.
Ma bouche imprime ses efforts
Sur une bouche virginale.
Je brûle, et ne puis appaiser
L'ardeur d'une flamme divine....
Quel bonheur promet un baiser,
Un baiser de ma Caroline !

M. Duprat.

LA CHAUMIÈRE.

Pour trouver ce parfait bonheur
Dont le séjour est un mystère,
Consultez toujours votre coeur;
Que ce guide seul vous éclaire.
De vos ambitieux désirs
Fuyez la trompeuse lumière;
Et pour goûter de vrais plaisirs,
Venez me voir dans ma chaumière.

Là vous jouirez des faveurs
Que me prodigue la nature;
Vous y verrez des fruits, des fleurs,
Et le cristal d'une onde pure.
Si vous aimez un doux sommeil,
Venez dormir sur ma fougère;
Si vous aimez un doux réveil,
Réveillez-vous dans ma chaumière.

Zéphir y parfume les airs
Des odeurs que la rose exhale;
Vous entendrez les doux concerts
De la fauvette matinale.
Et si vous aimez la gaîté
Que donne un travail salutaire,
On la trouve avec la santé
Dans le jardin de ma chaumière.

Choix

La fortune, par des remords,
Souvent nous fait payer ses charmes;
Moi, je vous offre des trésors
Qui ne coûtent jamais de larmes.
La paix du coeur, de vrais amis,
Mon chien, ma lyre et ma bergère,
Peu de livres, mais bien choisis,
Voilà les biens de ma chaumière.

Loin de mon paisible séjour,
Pour voler de belles en belles,
Le plaisir, en trompant l'amour,
Lui prête, dites-vous, ses aîles.
Cet amour est un imposteur;
Le mien n'a pas l'humeur légère;
Il ne quitte jamais mon coeur,
Et ne sort point de ma chaumière.

Pour ma Lise ses feux constans,
Depuis vingt ans brûlent mon ame;
Lise, pour moi depuis vingt ans,
N'a jamais vû pâlir sa flamme.
O vous, dont le coeur veut former
Un doux noeud pour la vie entière,
Amans, jurez de vous aimer
Comme on aime dans ma chaumière.

M. L. P. Ségur ainé.

LE TÊTE-A-TÊTE.

Air: *Fuyant et la ville et la cour.*

Annette, à peine avoit quinze ans,
Et nos ames savoient s'entendre :
Je reçus ses premiers sermens,
Sermens d'un cœur naïf et tendre.
Comme alors on chérit ses fers !
Comme on est fier de sa conquête !
On n'est plus seul dans l'univers :
On est toujours en *tête-à-tête*.

De vieux parens, avec rigueur,
Avoient élévé son enfance ;
Témoins de ma naissante ardeur,
Ils surveilloient son innocence.
L'amour nous rend ingénieux :
Ce Dieu, que jamais rien n'arrête,
Nous ménagea, même à leurs yeux,
D'heureux momens de *tête-à-tête*.

Chaque mot eut son double sens ;
(C'est à tromper que l'amour brille ;)
Ce que l'on adresse aux parens,
N'est entendu que par la fille.

Que de fois, les quittant, le soir,
J'ai rendu grace à l'air honnête,
Dont ils étoient, sans le savoir,
Les complaisans du *tête-à-tête*.

Mais d'Hymen, par l'espoir, séduit,
Je parle à ces parens barbares ;
Mon imprudence nous perdit :
J'étois pauvre, ils étoient avares !
Je ne te vois plus tous les jours,
Toi, qu'à me ravir on s'apprête ;
Mais nos cœurs s'entendront toujours....
On ne rompt point ce *tête-à-tête*.

Puis-je avoir perdu mon bonheur,
Quand je conserve ton image ?
Elle est le prix de mon ardeur ;
De baisers je couvre ce gage.
Oui, ton portrait est devant moi ;
Mon cœur s'émeut... mon œil s'arrête...
Et, j'éprouve encor, loin de toi,
Le charme heureux du *tête-à-tête*.

M. Prévôt d'Iray.

LES ÉTRENNES.

AIR : *Daigne écouter l'amant fidèle et tendre.*

Lise à douze ans demanda ses étrennes,
Et sa maman lui donna des rubans :
C'étoit bien peu : mais chacun a les siennes :
C'étoit bien peu ; mais Lise avoit douze ans.

Lise à treize ans demanda ses étrennes,
On lui donna des almanachs chantans :
Du dieu d'amour Lise vit les fredaines ;
Elle en sourit, car elle avoit treize ans.

A quatorze ans, Lise eut pour ses étrennes
Le beau Colin, la perle des amans ;
Et sa maman se moquoit de ses peines,
En lui disant : tu n'as que quatorze ans.

Lise à quinze ans ne reçut plus d'étrennes,
Mais l'hymen vint appaiser ses tourmens :
Il étoit temps qu'elle donnât les siennes,
Et son amant eut un cœur de quinze ans.

M. DE PIIS.

MA TABATIÈRE.

AIR: *Ce fut par la faute du sort.*

Me donne-t-on un rendez-vous
De plaisir, d'amour ou d'affaire?
De peur de les oublier tous,
J'ai recours à *ma tabatière*.
J'y mets un morceau de papier;
J'ai la mémoire si légère,
Que j'oublirois mon créancier
Si je n'avois *ma tabatière*.

Lorsque j'entends les vers charmans
Qu'Apollon inspire à Delille,
Ma tabatière, je le sens
Me devient un meuble inutile.
Mais lorsqu'on me lit le mic-mac
De Palmezeaux - Dorat - Cubière,
Je n'ai pas assez de tabac,
L'ennui vuide *ma tabatière*.

Ma tabatière offre à mes yeux
Les traits de celle qui m'est chère;
Vous qui brûlez de tendres feux;
Il vous faut une *tabatière*.

Oui, ma Delphine, mon amour
Me rend la mienne nécessaire :
Je pense à toi vingt fois le jour,
Vingt fois j'ouvre *ma tabatière*.

Au coin de la rue un coquin
M'arrête : La bourse ou la vie !
J'ai *ma tabatière* à la main,
Et de tabac elle est remplie.
Je le lui jette dans les yeux
Il est aveuglé de poussière ;
Je m'enfuis rendant grace aux Dieux,
Et surtout à *ma tabatière*.

M. JACQUELIN.

SUR UNE PENDULE.

A sa pendule, qui de nous
N'a pas du souvent rendre grace ?
Des ennuyeux et des jaloux,
Par fois, elle nous débarrasse.
Plus d'un amant qu'on menaçoit
D'un refus, par simple scrupule,
En montrant que l'heure pressoit,
Dut son bonheur à la pendule.

Une pendule, l'autre jour,
M'empêcha de mourir de honte.
L'Argus sorti (grace à l'Amour),
Chez Zulmis attendu, j'y monte.
Minuit, de fuir, faisoit la loi :
Zulmis se rend, ma flamme hésite...
Le marteau, plutôt prêt que moi,
Sonnant l'heure, excusa ma fuite.

Qu'un cadran désole un rêveur,
Un Anglois sombre, atrabilaire,
Quant à moi, qui crois au bonheur,
Je vois fuir le tems sans colère.
Boire, aimer, voilà mes désirs :
Que l'aiguille marche ou demeure,
Quand les projets sont des plaisirs,
Craint-on d'entendre sonner l'heure ?

M. J. A. SÉGUR.

LES CAQUETS.

AIR: *Mon père étoit pot.*

Si des *caquets* du genre humain,
 Il falloit la critique,
Pégase, indocile à ma main,
 Seroit par trop caustique:
  Mettons-lui le frein,
  D'un joyeux refrain,
Qu'on puisse en chœur reprendre:
  Vivent les *caquets*,
  Que, sous les bosquets,
Mille oiseaux font entendre.

Des *caquets*! où n'en fait-on pas?
 Aux champs, comme à la ville,
Grace aux valets, du haut en bas,
 Ils tombent à la file.
  Et puis, le portier,
  Jusques au grenier,
En remonte l'esclandre.
  Vivent les *caquets*,
  Que sous les bosquets,
Mille oiseaux font entendre.

Parlons des *caquets* des journaux
  Menteurs ou véridiques :
Pour mieux pomper l'or des badauds,
  Citadins et rustiques ;
    Brouiller à la fois,
    Nouvelles et lois
  Est leur soin le plus tendre.
    Vivent les *caquets*,
    Que sous les bosquets,
  Mille oiseaux font entendre.

Par maint petit-verre, échauffés,
  Voyez ces frénétiques,
Exhaler dans tous les caffés,
  Leurs *caquets* politiques :
    Dans leur saint dépit,
    Pour *Fox* ou pour *Pitt*,
  Ils sont prêts à se prendre :
    Vivent les *caquets*,
    Que, sous les bosquets,
  Mille oiseaux font entendre.

On connoit le *caquet* bannal
  De Monsieur Timothée.
Aime-t-on Voltaire et Raynal ?
  Il vous traite d'Athée . . . . .
    Nargue des cagots,
    Qui sur des fagots,

Cherchent à nous étendre!
Vivent les *caquets*,
Que, sous les bosquets,
Mille oiseaux font entendre!

Respectons le caquet joyeux
De deux amans sensibles,
Qui cherchent, d'un bois amoureux,
Les ombrages paisibles.
Chantons autour d'eux,
(Si les curieux
Tentoient de les surprendre....)
Vivent les *caquets*,
Que, sous les bosquets,
Mille oiseaux font entendre!

Sur les *partis*, dans ces momens,
Que j'en dirois de belles!
Mais nous avons des réglemens;
Demeurons leur fidèles.
Gardons-nous, morbleu!
D'attiser un feu
Qui couve sous la cendre.
Vivent les *caquets*,
Que, sous les bosquets,
Mille oiseaux font entendre!

M. DE PIIS.

LES SERMENS.

Des sermens je crains la formule;
De nos jours ce mot est suspect:
On se dégage sans scrupule
Quand on s'engage sans respect.
Aux sermens bien fou qui se fie;
Ils sont souvent, malgré l'honneur,
Commandés par la tyrannie
Et prononcés par la frayeur.

Combien de sermens on voit faire
Par les Gascons, par les amans!
En fait d'amour femme préfère
Une preuve à trente sermens.
La franche amitié n'en fait guères;
Car les sermens sont de grand mots
Superflus pour les cœurs sincères,
Insuffisans pour les cœurs faux.

Mélise, malgré sa jeunesse,
Maltraitait toujours les amans;
Mais le fardeau de la sagesse
La fatiguait depuis long-temps.
Un certain soir enfin la belle
Trouva son époux inconstant,
Fit le serment d'être infidèle,
Et tous les jours tient son serment.

Sexe né pour tromper et plaire,
Quand vous nous jouez quelques tours,
Dans l'excès de notre colère,
Nous jurons de vous fuir toujours;
Mais, pour ressaisir vos conquêtes,
Vous possédez des traits vainqueurs :
Le serment n'est que dans nos têtes,
Et le parjure est dans nos cœurs.

Ninon, jeune dans sa vieillesse,
Par l'esprit, par le goût brillait,
Et pourtant elle eût la faiblesse
De faire un serment par billet.
De la Châtre cette bévue
Coûta cher à sa vanité,
Car le billet, payable à vue,
Par Sévigné fut protesté.

Je jure au dieu de la tendresse
De lui consacrer tous mes chants;
Je jure amour à ma maîtresse,
Respect aux mœurs, guerre aux méchans;
Je jure à l'aimable Folie
D'être son disciple constant :
Chacun de vous, je le parie,
Avec moi va prêter serment.

M. Chazet.

L'OREILLE.

On chante assez communément
Un nez mignon, un sein charmant,
    Une bouche vermeille,
De petits pieds, et de grands yeux;
Mais jamais rien de gracieux
    Ne fut fait pour l'oreille.

Moi, qui ne sais pas dans le fond
Pourquoi les Poëtes lui font
    Une injure pareille;
A la face de l'univers,
Je prétends composer des vers,
    En l'honneur de l'oreille.

Puisse tout amoureux docteur,
Trouver bon qu'en simple amateur,
    Ici je lui conseille,
D'observer quelquefois le pli
Qui, d'un beau vermillon rempli,
    Borde une jeune oreille!

D'ailleurs, doit-on être surpris,
Que pour en relever le prix,
    Ma verve se réveille,
Puisqu'avant le reste, en amour,
De celle à qui l'on fait la cour,
    Il faut avoir l'oreille?

Dans la fossette du menton,
Et dans mille autres trous, dit-on,
  Les ris sont à merveille.
Hélas! quand vous les y cherchez,
Souvent mes drôles sont nichés
  Dans celui de l'oreille.

Mais que Cidalise me plaît!
Au bas de son corset, elle est
  Mince comme une abeille:
Avec votre permission,
Souffrez que de ma passion,
  Je lui parle à l'oreille.

Belle, il faut aimer tôt ou tard;
Tu n'as jamais rien vû que par
  Le trou d'une bouteille;
Mais je veux t'apprendre à vingt ans,
Que quand femme fait des enfans,
  Ce n'est pas par l'oreille.

Ciel! à peine ai-je récité
Cet impromptu, qui m'a coûté
  Sans reproche une veille,
Que pour tout dédommagement,
Cidalise, assez méchamment,
  Vient me tirer l'oreille.

C 4

Je lui souhaite le bon soir,
Et vais noyer mon désespoir
   Dans le jus de la treille :
Mais je la quitte à petits pas,
Et songe encore à ses appas
   En me grattant l'oreille.

Croirois-je pour cela vraiment,
Qu'après l'aveu d'un tendre amant,
   Son petit cœur sommeille ?
Elle-même sur son pallier,
Pour voir si je peux l'oublier,
   A la puce à l'oreille.

Je remonte et je l'apperçois ;
Son teint s'anime cette fois
   D'un rouge de groseille.
Crac ! je m'offre à titre d'époux ;
Le compliment fait à genoux,
   Lui fait ouvrir l'oreille.

Par de semblables incidens,
Depuis plus de quatre mille ans
   Le monde s'appareille.
Fille, qui bravez les amours,
Autant peut-être sous deux jours,
   Vous en pend à l'oreille.

M. DE PIIS.

LE POUVOIR DE LA MUSIQUE.

AIR: *O ma Zélie!*

Présent du ciel, divine mélodie,
Chez les mortels par toi tout s'embellit;
A tes accens l'infortune s'oublie,
L'ame s'élève et le cœur s'attendrit.

Heureux amant, quand ta lyre touchante
De ta maîtresse a troublé le sommeil,
Bientôt un songe à ses yeux te présente:
Le songe fuit, ton nom suit son réveil.

Pour célébrer l'auteur de la nature,
L'oiseau reçut un chant mélodieux;
Et notre offrande à ses yeux est plus pure
Quand nos concerts la portent vers les cieux.

O dieu d'Amour, partage mon délire,
Quitte ton arc, brise tes traits vainqueurs;
Ta voix est tendre; arme-toi d'une lyre,
Et tes accens soumettront tous les cœurs.

Madame Perrier.

LE POUVOIR DE LA MUSIQUE.

Pièce trad. de l'Allemand de M. SCHREIBER.

(*Stumm ist das Leben um mich her.*)

Mon ame est triste et plaintive :
Ils sont passés mes beaux jours,
Comme l'onde fugitive,
Qui s'écoule pour toujours.
Une flatteuse espérance
Ne peut plus bercer mon cœur ;
Et la nature en silence,
Me laisse avec ma douleur.

O divine mélodie,
Que tes accords sont touchans !
Que mon ame est attendrie
A la douceur de tes chants !
Soudain je sens par tes charmes,
Mon triste cœur s'animer,
Mes yeux se mouiller de larmes,
Et ma douleur se calmer.

M. DUPRAT.

SOUPIRS D'AMOUR.

ROMANCE.

AIR: *C'est pour un jour.*

Qu'est devenu, belle Mirthé,
　Ton aimable sourire?
Aujourd'hui ton cœur agité
　Et palpite et soupire;
Un soupir!..... Dans ce beau séjour,
Mirthé, quelle en est donc la cause?
Un soupir!.... C'est, je le suppose,
　Soupir d'amour! (*Bis.*)

De plaisirs, de jeux innocens,
　Nuit et jour occupée,
Tu ne soupirais, à douze ans,
　Que pour..... une poupée!
Fillette grandît chaque jour;
De son cœur l'amour se rend maître;
A quinze ans un soupir doit être
　Soupir d'amour. (*Bis.*)

En vain, pour tes appas naissans,
　　Nous soupirions sans cesse;
Tu dédaignais nos soins pressans,
　　Nos vœux, notre tendresse:
Tu vas, désormais, à ton tour,
Brûler du feu qui nous pénètre;
Et, comme nous, tu vas connaître
　　Soupirs d'amour! (*Bis.*)

Mirthé, crains un feu trop discret:
　　Ah! que ton cœur m'écoute!
D'aimer seul, d'aimer en secret,
　　Je sais ce qu'il en coûte!
Par un doux et tendre retour
A mes transports daigne répondre;
Viens unir, mêler et confondre
　　Soupirs d'amour! (*Bis.*)

M. ARMAND-GOUFFÉ.

ROMANCE.

AIR: *O Fontenay, qu'embellissent les roses.*

Point ne craignez, gentille pastourelle,
Tourment d'amour; croyez ce qu'on vous dit :
Jamais ne fait de blessure mortelle,
Sa main vous blesse, et sa main vous guérit.

Si résistez, plus malin il peut être;
Peut vous donner et tourmens et desirs.
Vaut-il pas mieux secrétement connoître,
En lui cédant, et tourmens et plaisirs?

D'ailleurs ferez tout ce que pourrez faire,
Ne pourrez pas défendre votre cœur.
Vaut mieux s'offrir, sans risquer sa colère;
Pour confiance, il donne le bonheur.

M. J. A. Ségur.

LES FRAISES.

Air: *J'étois bon chasseur autrefois.*
ou: *Ce fut par la faute du sort.*

Salut, mois cher et désiré,
Qui, sur la terre ranimée,
Nous fait cueillir le pois sucré,
La fraise humide et parfumée;
La fraise aimable, qu'en fuyant
Le printemps mêle à sa couronne,
De mille biens, gage riant,
Et messagère de Pomone.

Graces aux dieux, je ne pourrois,
Comme les riches de la terre,
Nourrir mon orgueil à grands frais,
De ces fruits hâtés sous la serre:
Qui n'a rien, dans ce siècle dur,
Ne mange à sa table indigente,
Le melon, que lorsqu'il est mûr,
Et la fraise, hélas!... qu'excellente.

Fraise, tu charmes tous les sens;
Même au vieillard, tu fais envie;
Un grand-homme, à tes sucs puissans
A dû les longs jours de sa vie. (*)
„J'ai bientôt l'âge de Nestor,
Disoit-il, „et le fardeau pèse;
„Mais un an m'est promis encor,
„Si je puis voir rougir la fraise.„

Oh! combien j'aime à détacher
La fraise jeune et printannière!
Mais, j'aime mieux la voir chercher
A l'élégante jardinière.
Elle se baisse; et moi, souvent,
Sur sa gorge naissante et brune,
Je vois deux fraises poindre, avant
Qu'elle ait le temps d'en cueillir une.

On m'a dit, qu'alors que Cypris
Voulut sévrer le Dieu de Gnide,
Dans ses bras il poussa des cris,
Dont s'allarma son cœur timide.
Depuis ce jour, l'enfant mutin
Tettoit à chaque instant, pour cause;
Et d'un doigt déjà libertin,
Caressoit deux boutons de rose.

(*) *Fontenelle.*

En perdant un joujou si beau,
Qu'offrir à l'Amour qui lui plaise ?
Un soir, autour de son berceau,
Jupiter fit naître la fraise.
Le petit Dieu, leste et gourmand,
La saisit; et longtemps plus sage,
Crut sucer le bouton charmant
Dont la fraise est si bien l'image.

M. Desprez.

LE RETOUR A LA CHAUMIÈRE.

Vieille chaumière, à ton aspect,
Mes yeux se remplissent de larmes :
Non, tu ne m'offres rien d'abject,
Je te retrouve tous tes charmes.
Vers tes foyers, je vois encor
L'amitié, les vertus antiques,
L'innocence de l'âge d'or,
Habiter sous ces toits rustiques.

Fuyez, tumultueux désirs,
Calme mes sens, tendre verdure ;
Je ne veux plus d'autres plaisirs
Que ceux de la simple nature.
Venez, venez, jeunes bergers,
Entourez-moi, jeunes bergères,
Suivons dans ces rians vergers,
Les mœurs agrestes de nos pères.

La paix renaîtra dans mon cœur
Avec vos chansons pastorales.
Je retrouverai le bonheur
Autour de vos tables frugales.
O simplicité ! plaisir pur !
Douce image de l'innocence,
Vous me rendez à l'âge mûr,
Les jours fortunés de l'enfance.

M. Carnot.

LE QUART-D'HEURE DE RABELAIS.

Air: *Chansons, chansons.*

Comme Rousseau le Jean-Baptiste,
De nos malheurs j'ai fait la liste
  En neuf couplets.
Quand l'homme vient à naître il pleure;
Et c'est là le premier quart-d'heure
  De Rabelais.

Pour lui montrer le *Despautère*,
Un maître use, sur son derrière,
  Force balais;
Il est bien naturel qu'il pleure;
C'est, pour lui, le second quart-d'heure
  De Rabelais.

A quinze ans, l'amour qui l'entraîne,
Ou pour Cloris, ou pour Climène,
  Le jette en frais :
Quand sa bourse est à sec, il pleure;
Voilà le troisième quart-d'heure
  De Rabelais.

D'huissiers des colonnes mobiles,
Lui vont présentant, sur deux files,
   Leurs longs placets.
En partant pour la geole, il pleure....
C'est le quatrième quart-d'heure
   De Rabelais.

Hors des prisons, l'hymen le guette;
Entre ses bras, mon sot se jette,
   Sans nuls délais.
S'il fait par trop d'enfans, il pleure....
Voilà le cinquième quart-d'heure
   De Rabelais.

A ses foyers, s'il ne tient guère,
Et s'il court braver à la guerre
   Bombe et boulets;
L'honneur ne permet pas qu'il pleure....
Mais il a maint petit quart-d'heure
   De Rabelais.

S'il court, sur mer, chercher fortune,
Qu'Eole enfle, contre Neptune
   Ses gros soufflets;
Quand l'équipage prie et pleure,
C'est encor pour lui le quart-d'heure
   De Rabelais.

S'il se fait auteur dramatique,
Gare la terrible critique
    Et les sifflets!
Derrière la coulisse il pleure....
Nous connoissons tous ce quart-d'heure
    De Rabelais.

Enfin, il lui faut cesser d'être....
Car tels sont, du souverain maître,
    Les grands décrets :
Soit qu'on rie alors ou qu'on pleure,
C'est là le plus vilain quart-d'heure
    De Rabelais.

M. DE PIIS.

LA MANIE DU COMMERCE.

Air: *Ahi! povero Calpigi!*

Jadis richesse de sciences,
De talens et de connoissances,
Surtout, richesse de vertus,
Surpassoient richesse d'écus.
Mais, ô commerce, ta *manie*,
Des beaux arts éteint le génie;
Pour l'amateur il n'est qu'un cri:
Ahi! povero Paridgi! (*bis.*)

Partout on perce des boutiques;
Partout on cherche des pratiques:
Pour s'enrichir en peu de temps,
On trouve les talens trop lents.
Chacun, jouant le même rôle,
Pour s'attraper, marche, court, vole;
Et d'espérance on est nourri.
Ahi! povero Paridgi! (*bis.*)

Acheter dix et vendre trente,
A celui qui revend quarante,
Lorsqu'il rencontre un innocent,
Qui compte gagner cent pour cent:

Du *commerce* c'est la méthode :
La bonne-foi n'est plus de mode,
Et chaque dupe, dupe aussi.
Ahi ! povero Paridgi !   (*bis.*)

Le peintre a laissé sa palette,
Et l'astronome, sa lunette.
Homme à talent et gens d'esprit,
Pressés par le besoin ont dit :
„ Ainsi que l'air, le numéraire
„ A tout le monde est nécessaire.
„ Pour vivre, agiotons aussi.
„ Ahi ! povero Paridgi !   (*bis.*)

J'ai vu Terpsichore et Thalie,
Changeant de goût et de folie,
Avoir en poche échantillon
De cassonade et de savon.
J'ai vu la fière Melpomène,
Pour commercer, quitter la scène.
Eh bien ! nul ne s'est enrichi.
Ahi ! povero Paridgi !   (*bis.*)

J'ai vu le Dieu de la tendresse
Jouer à la *hausse*, à la *baisse*;
Enfin la reine des amours,
Vend rubans et faveurs au cours.

Hélas! on vend bien autre chose!
Mais ne disons pas tout, pour cause;
Répétons seulement ici:
Ahi! povero Paridgi! (*bis.*)

Artistes de tous les étages,
Croyez-moi, redevenez sages,
Et rentrez dans votre atelier;
Que chacun fasse son métier.
Faire ce qu'on ne sait pas faire,
Fait que l'on fait mauvaise affaire.
Que de mal on a fait ainsi!
Ahi! povero Paridgi! (*bis.*)

Comédien, revends tes paroles;
Danseur, revends tes cabrioles,
Musicien, revends tes sons,
Chansonnier, revends tes chansons.
Revoyant tout rentrer dans l'ordre,
Ma muse cessera de mordre,
Et dira d'un ton réjoui:
,,Ah! bravo, bravo Paridgi. (*bis.*)

M. ETIENNE DESPRÉAUX.

LE GÉNIE DE L'AMOUR.

Trop éloigné de sa maîtresse,
C'est un amant qui le premier,
Pour lui peindre au moins sa tendresse,
Sut l'exprimer sur le papier.
C'est l'Amour qui, trompant l'absence,
Inventa le premier portrait;
Le bonheur lui doit sa naissance;
Et les beaux-arts plus d'un secret.

Pour s'élancer dans la carrière,
Ce n'est pas tout d'être savant;
Le flambeau des arts nous éclaire,
Moins encor que le sentiment.
Dans une invention hardie
L'amant l'emporte sans retour :
Rien n'est impossible au génie,
Quand il est guidé par l'Amour.

M. Chazet.

QU'EN DIRA-T-ON?

AIR: *Du haut en bas.*

Qu'en dira-t-on?
De bien des gens c'est la devise.
Qu'en dira-t-on?
Est le sujet de ma chanson.
On ne peut faire une sottise,
Qu'à l'instant même on ne se dise:
„Qu'en dira-t-on?„

Qu'en dira-t-on
Préside au goût, à la tournure;
Qu'en dira-t-on
Inventa le triple chignon.
Ruban frais, spincer, ou coëffure,
Tout a pour but, dans la parure,
Qu'en dira-t-on?

Qu'en dira-t-on
N'est à dédaigner pour personne.
Qu'en dira-t-on
S'attache au moindre petit don.

Sans que soi-même on le soupçonne,
Le cœur se dit, quand la main donne:
„ Qu'en dira-t-on ?„

Qu'en dira-t-on
Expose à plus d'une aventure;
Qu'en dira-t-on
Souvent change un brave en poltron.
Tout bas, contre la guerre, il jure;
Mais s'il y fait triste figure,
Qu'en dira-t-on ?

Qu'en dira-t-on
Tient l'univers dans sa balance.
Jeune ou barbon,
Nul n'échappe au qu'en dira-t-on.
Le gouvernant, dans sa puissance,
Est soumis à cette sentence:
Qu'en dira-t-on ?

Qu'en dira-t-on
N'est plus qu'un terme de commande.
Plus d'un frippon
Se moque du qu'en dira-t-on.
On pille, on fait la contrebande,
Nul aujourd'hui ne se demande
„ Qu'en dira-t-on ?„

Qu'en dira-t-on
Ne retient pas toute fillette;
Qu'en dira-t-on?
Ne sert pas toujours de leçon.
C'est lorsque l'imprudence est faite,
Qu'en pleurant, on se dit seulette:
Qu'en dira-t-on?

„Qu'en dira-t-on?„
Dit à Lucas la jeune Adèle:
„Qu'en dira-t-on,
„Si je te cède sans façon?„
Il insiste.... elle est peu cruelle;
Et l'écho répète après elle:
„Qu'en dira-t-on?„

M. Prévôt-d'Iray.

COULEUR DE ROSE.

CHANSONNETTE

adressée à une demoiselle dont toute la parure étoit de cette couleur.

AIR: *Bouton de rose.*

Couleur de rose
Est la couleur de tes atours;
Fanny, j'en devine la cause:
Flore doit adopter toujours
    Couleur de rose.

Couleur de rose
De ton teint pare la blancheur;
Ta bouche, où le plaisir repose,
Offre, dans toute sa fraîcheur,
    Couleur de rose.

Couleur de rose
Se cache encor sous ton mouchoir;
Sous cette gaze à demi-close,
Trop heureux qui peut entrevoir
    Couleur de rose.

Couleur de rose
Brille jusqu'au bout de tes doigts ;
Dans le transport qu'amour me cause,
Tout me paroît, quand je te vois
Couleur de rose.

Couleur de rose !
Dirai-je combien tu me plais ?
Ma muse dont Fanny dispose,
Enfante, pour toi, des couplets
Couleur de rose.

M. Armand Gouffé.

REGRETS

d'un pauvre diable obligé de vendre ses livres pour vivre.

AIR: *J'ai vu partout dans mes voyages.*

J'avois une bibliothèque
Des ouvrages les plus connus.
Platon, Aristote, Sénéque,
Tour-à-tour vous fûtes vendus!
Vous fîtes aller ma cuisine,
Auteurs imprimés par Didot,
Depuis deux jours j'ai mis Racine
Avec Corneille dans mon pot.

Chez moi j'ai l'Encyclopédie
De Diderot et d'Alembert:
C'est le chef-d'œuvre du génie
Qui pour tout le monde est ouvert.
Il *donne* raison suffisante
Sur ce qu'on peut imaginer;
O regrets! je le mets en vente,
Afin qu'il me *donne* à dîner.

Il faut quitter un autre livre;
Encor si s'étoit un roman!
Mais non pas, c'est *l'art de bien vivre*
Relié par Bozérian.
Aujourd'hui la faim m'en délivre,
Hélas! il faut m'en dégager!....
Mais à quoi sert *l'art de bien vivre*,
Lorsqu'on n'a pas de quoi manger?

M. JACQUELIN.

LES OUI ET LES NON.

AIR : *De la pipe de tabac.*
ou : *J'ai vu partout dans mes voyages.*

Il est deux mots fort en usage
En tous lieux, en toute saison ;
Ils tiennent lieu de tout langage :
C'est le mot *oui*, c'est le mot *non.*
Mais avec trop peu de franchise,
On s'en sert dit-on aujourd'hui ;
En les disant on les déguise ;
Oui devient *non*, *non* devient *oui.*

Lise veut se montrer rebelle
Au feu que son ame a senti,
Non sort de sa bouche cruelle,
Mais tout bas son cœur a dit *oui.*
C'est par un *oui* qu'Hymen nous lie ;
Mais beaucoup de maris, dit-on,
Voudroient que la cérémonie
Recommençât pour dire *non.*

En se vantant de sa richesse,
Sans se déranger, un gascon
A son créancier qui le presse,
Promet tout, *oui*: paîra-t-il? *non.*

Le doux serment d'une maîtresse
D'aimer constamment son ami,
Du Gascon est-ce la promesse?
L'Amour dit *non*, le temps dit *oui*.

Ici de tout ce qui se passe
A-t-on lieu d'être réjoui?
L'intrigant briguant une place,
Va répondre effrontément *oui*.
Hélas! trop souvent dans la vie,
Je vois qu'à cette question,
Oui, c'est le mot de la Folie,
Non, c'est le mot de la Raison.

M. L. P. Ségur, l'aîné.

L'ESTIME.

AIR: *Philis demande son portrait.*

Une maman prêchoit un jour
 Une fille amoureuse,
Et lui disoit: ,,fuyez Melcour,
 ,,Vous seriez malheureuse.
,,Votre cœur pourroit d'un amant
 ,,Devenir la victime :
,,Craignez un tendre sentiment,
 ,,Bornez-vous à *l'estime*. ,,

Zulime, pour ne plus aimer,
 Prioit Dieu comme un ange.
Elle obtint le don *d'estimer*,
 Par un heureux échange.
L'Amour ne brûloit plus le cœur
 De la pauvre Zulime :
Il se consumoit par l'ardeur...
 Par l'ardeur de *l'estime*.

Zulime desiroit trouver,
 Joyeuse et satisfaite,
Son cher amant, pour lui prouver
 Son estime parfaite.

,,J'irai dans sa chambre ce soir...
    ,,Ah! ce n'est pas un crime!
,,Ne puis-je donc pas aller voir
    ,,Un ami que *j'estime*?,,

Est-il vrai? dit Melcour, Grand Dieu!
    Quoi? vous venez vous-même!
Quel plaisir de voir en ce lieu
    La maîtresse que j'aime!
Employons des momens si doux....
    Vous m'aimez donc, Zulime?
,,Moi? dit-elle, détrompez-vous,
    ,,Monsieur, *je vous estime.*,,

L'amant ne pouvant contenir
    Ses transports, son ivresse,
Triompha, mais sans obtenir
    L'aveu de la tendresse.
,,Méchante! à présent m'aimes-tu?,,
    Et la douce victime
Disoit: ,,Non, j'aime la vertu,
    ,,Mais vous, *je vous estime.*,,

                      M. Duprat.

L'AMITIÉ.

Air: *Femme sensible, entends-tu le ramage?*

Douce amitié, pure et divine flamme !
Répands sur moi tes dons consolateurs ;
Viens à l'amour succéder dans mon ame ;
Assez long-temps il fit couler mes pleurs.

A nos beaux jours l'amour survit à peine,
Il disparoît ; son règne est un éclair ;
De l'amitié la bienfaisante haleine
Réchauffe encor les glaces de l'hiver.

Hymen, Amour, votre chaîne trop dure
Fait de nos jours un éternel tourment :
Mais l'amitié, plus sincère et plus pure,
Fait de la vie un fortuné moment.

Pour les plaisirs dont le charme nous lie,
Notre existence est un tissu de fleurs.
Si c'est l'amour qui nous donne la vie,
L'amitié seule en donne les douceurs.

Madame PERRIER.

SUR L'AMITIÉ.

Quand le bon Dieu fit la terre,
Fit le ciel, enfin fit tout,
Il montra dans cette affaire,
Beaucoup d'esprit et de goût:
Par sa science profonde,
A peine eût-il fait le jour,
Que, pour mieux peupler le monde,
Il imagina l'Amour.

Bientôt il fit la Sagesse,
Qu'il tira de son cerveau:
Elle étoit d'une tristesse!
C'étoit l'ennui, peint en beau:
Lorsqu'un jour, cette déesse
(Ce fut par oubli, dit-on)
Voit l'Amour, et le caresse:
Ah! quelle distraction!

Dieu qui sent bien sa méprise,
Craint que la divinité
Ne fasse quelque sottise,
Qui l'eût fort déconcerté;
Par prudence ou par finesse,
On dit même par pitié,
Pour occuper la Sagesse,
Il inventa l'Amitié.

M. J. A. SÉGUR

ROMANCE
Traduite de l'Allemand.
(*Jüngling! wenn ich dich von fern erblicke.*)

AIR: *Je suis encor dans mon printemps.*

D'AUSSI loin que je t'apperçois,
L'amour me saisit et m'enchante :
Près de moi, dès que je te vois,
Voilà que je deviens tremblante.
Ah! que peut-on craindre pourtant,
Près de celui qu'on aime tant?

Quand tu n'es pas auprès de moi,
Quels doux aveux mon cœur t'adresse!
Suis-je assise à côté de toi?
Je n'ose exprimer ma tendresse.
Devroit-on bégayer pourtant,
Près de celui qu'on aime tant?

Si tu voulois m'ôter ton cœur,
Que ma douleur seroit profonde!
Plutôt que de voir ce malheur,
Je voudrois fuir au bout du monde.
Pourrois-je m'éloigner pourtant
Du cher ami que j'aime tant?

Le plaisir qu'on goûte en aimant,
Est le plus grand que j'imagine !
Sans connoître ce bien charmant,
Mon cœur aisément le devine.
Je voudrois l'éprouver pourtant,
Avec l'ami que j'aime tant.

Qu'ai-je dit ? quel égarement !
Pardonne à mon ame éperdue.
Tu me regardes tendrement,
Tes yeux me font baisser la vue.
Ah ! devrois-je rougir pourtant
Devant l'ami que j'aime tant ?

Dans la solitude des nuits,
Quelquefois touché de mes larmes,
L'Amour, pour calmer mes ennuis,
Se présente avec tous ses charmes....
J'embrasse une ombre.... mais pourtant
C'est mon ami que j'aime tant !

Ainsi, près de toi, loin de toi,
L'Amour, par un juste supplice,
M'apprend à connoître sa loi :
Il faut bien que je la subisse.
Je m'y soumettrai, mais pourtant
Avec l'ami que j'aime tant !

M. DUPRAT.

LA PUCE A L'OREILLE.

AIR: *Femmes, voulez-vous éprouver.*
ou *J'étois bon chasseur autrefois.*

Sombres chagrins, transports jaloux,
Sur ce mot n'ont rien à prétendre :
Il exprime un trouble plus doux ;
C'est l'heureux instinct d'un cœur tendre.
Je peins par ce mot enchanteur,
L'Amour, à l'instant qu'il s'éveille ;
C'est quand l'Amour naît dans le cœur,
Que l'on a *la puce à l'oreille.*

O combien ce trouble a d'appas !
On n'ose s'avouer qu'on aime....
On veut ; soudain on ne veut pas....
On ne se conçoit plus soi-même.
Projets, remis au lendemain,
Ne sont jamais ceux de la veille....
On donne.... on retire une main....
C'est qu'on a *la puce à l'oreille.*

Un jeune cœur, en ses amours,
Craint jusqu'à l'objet qu'il adore ;
Est-il absent ? on craint toujours....
Présent ?.... on craint bien plus encore.

Telle, en tremblant, la jeune fleur
S'ouvre aux doux larcins de l'abeille;
Telle, en sentant battre son cœur,
Fillette a *la puce à l'oreille.*

L'effroi suit de près le désir....
On gronde, on garde le silence....
On soupire au sein du plaisir....
On se repent.... on recommence....
On boude, on chante, on pleure, on rit;
La raison dort et le cœur veille:
On tremble, on rougit, on pâlit....
C'est encor *la puce à l'oreille.*

J'en étois là de ma chanson,
Et je m'applaudissois d'avance,
D'avoir fait un fort beau sermon
Sur la pudeur et l'innocence;
Quand une fille de quinze ans,
Soi-disant, d'Agnès la pareille,
Me dit: Mon cher, à votre sens,
„Où donc est *la puce à l'oreille?*„

Ne sentez-vous pas un désir....?
— Oui, qui rend l'ame impatiente.
— Eprouvez-vous certain plaisir?....
— Oui, plaisir qui plaît et tourmente;

D 3

Un trouble secret? — à-peu-près.
Vif aiguillon qui vous réveille?
— C'est bien encor tout cela, mais....
Ce n'est pas *la puce à l'oreille.*

Une puce vient de piquer,
Ne sais où, la dormeuse Annette.
Attendez.... je crois remarquer
Qu'elle y porte sa main blanchette.
Voyez-vous palpiter son sein?
Quel trouble l'agite et l'éveille!
Si j'en crois son cœur et sa main,
Ce n'est pas *la puce à l'oreille.*

M. Prévôt d'Iray.

LA CHANSON A BOIRE.

CHANSON DE TABLE.

AIR: *Le curé de Pompone a dit.*

Buvons! disoit Anacréon;
   Buvons! disoit Horace;
Les Grecs, les Romains du bon ton
   Les suivoient à la trace.
Mes amis, tant que nous boirons,
   Honorons leur mémoire;
Fêtons dans ces lurons
    Les patrons
De la chanson à boire.

Buvons! disoit ce Basselin,
   Père du Vaudeville.
Son couplet bachique ou malin
   Bientôt courut la ville.
Laissant chanter au Troubadour
   Et l'amour et la gloire,
Le plaisir, à son tour,
    Mit au jour
Mille chansons à boire.

Buvons! s'écrioit à Nevers
  Ce menuisier que j'aime.
En buvant il faisoit ses vers;
  Il les chantoit de même.
A ses coffres, bien ou mal faits,
  Il ne doit pas sa gloire :
  Il doit, chez les Français,
    Ses succès
  A ses chansons à boire.

Buvons! buvons! disoient Collé
  Et Gallet, son confrère,
Et Piron, toujours accollé
  Aux vrais amis du verre.
A leurs bons mots chacun sourit :
  Or, la chose est notoire,
  Messieurs, ce qui nourrit
    Leur esprit
  C'est la chanson à boire.

Buvons! disoit le bon Panard
  En sablant le Champagne,
Entre le gracieux Favart
  Et sa vive compagne.
Bon Panard, on doit au dessert
  Entonner pour ta gloire,
  A chaque vin qu'on sert,

Un concert
De tes chansons à boire.

Morgué! buvons! disoit Vadé
 Aux gens de la Courtille:
Et plus d'un broc étoit vidé
 Par plus d'un joyeux drille.
De la fatigue et du chagrin
 Garde-t-on la mémoire
 Au bruit du tambourin,
 Du crin-crin
Et des chansons à boire?

Buvons! ce mot, ce joli mot
 Finit bien des querelles:
Par ce mot, certain dieu marmot
 Soumet bien des rebelles.
Et quand Nicolle fait du train,
 Son tendre époux Grégoire,
 Prend pour lui mettre un frein
 Le refrain
D'une chanson à boire.

Buvons! buvons! dit en latin
 Un chanoine en goguettes,
Sitôt qu'il voit le sacristain
 Apporter les burettes.

Potemus se chante au lutrin,
   Ainsi qu'au réfectoire :
Rien n'est donc plus divin
      Que le vin
  Et les chansons à boire.

Dans un caveau qu'on m'a vanté
  Des auteurs, nos modèles,
A la bouteille, à la gaîté
  Furent toujours fidèles.
Pour nous réchauffer le cerveau,
  Pour bannir l'humeur noire,
Essayons de nouveau
     Du Caveau
  Et des chansons à boire.

M. ARMAND GOUFFÉ.

LE VIN DE CHAMPAGNE.

AIR: *Du pas redoublé.*

Il part, il fuit, à flots pressés,
    En mousse pétillante:
Voilà mon verre; allons, versez;
    Car, il faut que je chante.
De mes sons, Bacchus est l'objet;
    Versez donc, sans attendre:
Remplissez-moi de mon sujet,
    Si vous voulez m'entendre.

O vin d'Aï, digne de Dieux,
    Honneur de la Champagne!
Père des ris, source des jeux,
    Le bonheur t'accompagne!
Quel festin auroit des attraits,
    Sans toi, sans ta présence?
Vin mousseux, c'est quand tu parois,
    Que la fête commence!

Quand le bouchon, débarrassé
    Du fil qui le captive,
Vole avec bruit, au loin chassé
    Par la liqueur active,

Je crois dans les brillans accès
    D'une aimable folie,
Voir jaillir d'un cerveau français,
    L'éclair de la saillie.

Sombre Anglois, ce nectar flatteur
    Calme ton humeur noire;
Suspends donc, suspends ta fureur;
    Fais la paix, pour en boire.
Ami de Londre et de Paris,
    Que Bacchus les rallie!
Bacchus en sait autant qu'*Harris*;
    Qu'il nous réconcilie!

Ami *Juliet*, rapporte-moi
    De ce jus délectable,
Gai comme nous, franc comme toi,
    Le charme de la table!
Nous, chers amis, de ce vin frais,
    Buvons tous à plein verre;
Buvons aux arts, fils de la paix,
    Et, surtout, à leur mère.

M. DESPREZ.

LE VIN ET LA VERITÉ.

AIR: *De la pipe de tabac.*
ou: *Avec les jeux dans le village.*

In vino veritas! mes frères,
Nous dit un proverbe divin;
Dieu pour nous faire aimer nos verres,
Mit la *vérité* dans le vin.
J'obéis à sa voix suprême;
Comme buveur je suis cité;
On croit que c'est le vin que j'aime,
Mes amis, c'est la *vérité*.

On croit que la philosophie,
N'a jamais troublé mes loisirs,
Et qu'à bien jouir de la vie,
J'ai toujours borné mes désirs:
On dit, quand je cours sous la treille;
C'est le plaisir, c'est la gaîté
Qu'il va chercher dans sa bouteille....
Mes amis, c'est la *vérité*.

On croit aussi que la tendresse,
Fait quelquefois battre mon cœur;
On croit qu'une jeune maîtresse
Est nécessaire à mon bonheur;
Quand je trinque avec une belle,
Chacun dit : c'est la volupté,
C'est l'amour qu'il cherche près d'elle...
Eh ! Messieurs, c'est la *vérité*.

M. Armand-Gouffé.

LES BORDS DE LA SEINE.

AIR: *Femmes, voulez-vous éprouver?*
ou, *Fuyant et la ville et la cour.*

PARIS! pays délicieux
Séjour des savantes merveilles!
Quels chef-d'œuvres frappent mes yeux!
Quels sons purs charment mes oreilles!
Enchaînant jusqu'à la raison,
L'amour l'a pris pour son domaine.
Il s'endort aux bords du Lignon,
Tout l'éveille aux bords de la Seine.

Bords heureux! que vous m'êtes chers!
Redites ma première ivresse.
Parlez-moi de mes premiers fers,
C'est nommer la même maîtresse!
D'ici je vois les lieux chéris
Où, sur ses pas l'amour m'entraîne;
Cependant ce n'est point Paris,
Mais ce sont les bords de la Seine.

Un jour, que je surpris d'attraits,
En la suivant sur le rivage!
L'onde, en réfléchissant ses traits,
A mes yeux doubloit son image.

Là, je la reçus dans mes bras,
Tremblante et respirant à peine,
Voilant à demi ses appas,
Confiés aux bords de la Seine.

Sans les quitter, je vais par fois
Aux champs féconds de la Neustrie:
Sans les quitter, j'habite un mois
Les riches plaines de la Brie.
Sa bouche ici reçoit de moi
Ce baiser que le flot entraîne;
Plus loin, d'elle je le reçoi,
Toujours sur les bords de la Seine.

M. Prévôt d'Iray.

MÉDITATION AMOUREUSE.

AIR: *De la sérénade de Beniowski.*

Voici l'heure où son cœur tendre
 M'adresse ses vœux :
Recueillons-nous pour entendre
 De si doux aveux.

Quel bonheur, quand je sommeille,
 Si je songe à toi !
Que n'es-tu, quand je m'éveille,
 A côté de moi !

Ah ! quelle affreuse distance
 Va nous séparer !
Je succombe quand je pense
 A la mesurer.

En cherchant celle/celui que j'aime,
 Dans ma vive ardeur,
Ma main se va d'elle-même
 Placer sur mon cœur.

Voilà, voilà ta demeure,
  Oui, je le sens bien!
Je t'y retrouve à toute heure,
  Toi, ne sens-tu rien?

Tu sens que je dis *je t'aime*,
  A ce même instant.
O plaisir! ô bien suprême!
  Tu m'en dis autant!

M. DUPRAT.

LA VERDURE.

Air : *Bouton de rose;*
Ou : *De la Baronne.*

C'est la verdure
Qui nous annonce avec gaîté
Le doux réveil de la nature;
Le trône de la Volupté,
 C'est la verdure.

 Sous la verdure
Zéphire éteint les feux du jour;
Mais son haleine fraîche et pure
Rallume tous les feux d'Amour
 Sous la verdure.

 Sans la verdure
Point de myrte ni de laurier;
Comment orner la chevelure
Et de l'Amant et du guerrier
 Sans la verdure?

 Sur la verdure
L'innocence timidement
Cueille des fleurs pour sa parure;

Par fois elle en perd en jouant
  Sur la verdure.

  Sur la verdure
L'Amour a trouvé le bonheur:
Depuis cette heureuse aventure,
L'espérance a pris la couleur
  De la verdure.

M. L. P. SÉGUR l'ainé.

QU'IMPORTE?

AIR: *Nous nous marierons dimanche.*

Malade, en mon lit,
De corps et d'esprit,
Que faire du mot: *Qu'importe?*
  Qu'importe, dit-on,
  Pour vous, c'est fort bon;
Moi, je ne dis pas: „*Qu'importe?*„
  Ce que l'on veut,
  Ce que l'on peut,
    Qu'importe?
  Quelques couplets,
  Bien ou mal faits,
    Qu'importe?
  Pourvû qu'à la fin,
  Ou même en chemin,
On trouve le mot: *Qu'importe?*

  L'autre jour, j'allois;....
  Non pas, je venois:
J'allois, je venois, *qu'importe?*
  Lors j'entends fort bien
  Quelque chose.... ou rien,
Enfin c'est toujours.... *qu'importe?*
  C'étoit le soir;
  Faisoit-il noir?
    Qu'importe?

Quand on a peur.
Qu'on ait du cœur....
Qu'importe?
Alors j'avançai....
Ou je reculai....
Je ne sais trop.... mais *qu'importe?*

Malgré tout, enfin,
Près de moi, soudain,
Je vois ou j'entends.... *qu'importe?*
Fringant Wiski; non,
C'est un Phaëton....
Wiski, Phaëton, *qu'importe?*
Jeunes amans
Sont-ils dedans?
Qu'importe?
Pour le savoir,
Je dis: faut voir....
,, *Qu'importe?* ,,
J'attrape tout net,
Deux grands coups de fouet,
Ou trois, je crois.... mais *qu'importe?*

Le long d'un taillis,
On descend.... je suis,
De près où de loin, *qu'importe!*
La belle arrêta,
Et moi, j'étois là,
Joyeux ou pestant, *qu'importe?*

Un voile épais
Cache ses traits,
 Qu'importe?
Son honneur va
Cahin, caha,
 Qu'importe?
On prend une main....
On presse le sein....
Je dis en riant: „*Qu'importe?*„

Mais voici l'instant,
(C'est le dénouement,)
Où je ne dis plus: *qu'importe?*
Lorgnant le duo,
Je criai: *bravo!*
On craint.... l'amant dit: „*qu'importe?*„
On pousse un cri,
C'est mon mari,
 — *Qu'importe?*
J'accours soudain;
J'arrive enfin....
 Qu'importe?
Hélas! tout confus,
A l'instant, je fus,
Ou j'étois déjà..... *qu'importe?*

M. Prévôt d'Iray.

SUR LA MODE DES TITUS.

AIR: *Heureux enfans du goût et du génie.*

Si par hazard, cette méthode est née
  De cet Empereur vertueux
  Qui dit: j'ai perdu ma journée,
  Car je n'ai fait aucun heureux;
  Plus qu'à nous autres c'est aux femmes
  A porter ainsi leurs cheveux;
  Car je connois beaucoup de Dames
  Qui, chaque jour font un heureux,
      Et même deux.

M. JACQUELIN.

L'ABSENCE.

Air: *Mes bons amis, pourriez-vous m'enseigner?*

Dans mon transport,
Oui, je maudis le sort
Qui m'a donné le mot *absence*.
Sur tous les sens,
En le tournant, je sens
Que d'esprit j'ai peu la présence.
Je sais bien qu'un amant
Rit d'un époux absent :
Je sais qu'*absence*, en amour, est souffrance.
L'absence fait peine et plaisir;
Elle produit crainte et desir;
J'aime et je déteste l'*absence*.

Homme d'esprit,
Qui ne sait ce qu'il dit,
Du bon sens n'a pas la présence.
De même un sot,
Qui nous dit un bon mot,
En lui c'est un moment *d'absence*.
Dans les cœurs amoureux,
Elle attise les feux;
Elle fait naître aussi l'indifférence.
L'absence fait peine et plaisir;
Elle produit crainte et désir;
J'aime et je déteste *l'absence*.

Quand un amant
Est trop longtemps absent,
Des bons maris il court la chance.
Dame Vertu
Souvent, à l'impromptu,
Cède par un moment d'absence.
Besoin, amour, transport,
Aux absens donnent tort,
L'absence a fait bien des cocus en France.
L'absence fait peine et plaisir;
Elle produit crainte et desir;
J'aime et je déteste *l'absence.*

Pour cet écrit,
Plein *d'absence* d'esprit,
Amis, ayez de l'indulgence!
Pour que ce mot
Fut traité comme il faut,
Il falloit faire une romance:
Langoureuses chansons,
Pour dîner de garçons,
Seroient d'esprit *absence* ou bien démence.
Tristesse absente est un bonheur;
Folie absente est un malheur;
J'aime et je déteste l'absence.

M. ETIENNE DESPRÉAUX.

L'OUBLI.

Air: *De la soirée orageuse.*
ou: *Femmes, voulez-vous éprouver.*

Douce illusion du bonheur
Sommeil heureux de la pensée,
Tu sais distraire du malheur,
Tu calmes une âme oppressée.
Le Léthé, dans les champs heureux,
Rouloit son onde salutaire;
Pour goûter les bienfaits des cieux,
Il falloit oublier la terre.

L'oubli de l'infidélité,
Fait qu'aux sermens l'amour peut croire;
L'oubli d'un péril répété,
Fait qu'un guerrier vole à la gloire;
L'oubli des caprices du sort,
Des projets fonda la manie;
Sans l'heureux oubli de la mort,
Pourrait-on jouir de la vie?

Souvent aussi, de quel ennui
Le perfide oubli nous accable!
Par toi, je l'éprouve aujourd'hui,
Chloé, femme ingrate et coupable!

Tu m'oubliois, lorsque Damon
Obtient un bien que j'idolâtre;
En l'oubliant, au moins Ninon
Se souvînt encor de la Châtre!

Toi, Dorilas, mon débiteur,
Dont je fus la seule ressource,
O toi, qui m'as fermé ton cœur,
Depuis que je t'ouvris ma bourse,
De ce que j'ai, dispose encor;
Mais qu'au moins, l'amitié nous lie:
Rends-moi ton cœur, garde mon or,
Et souviens-toi que je l'oublie.

M. J. A. Ségur.

LES FEMMES VENGÉES.

AIR: *De la pipe de tabac.*
Ou: *Si Dorilas n'en parloit pas.*

En amour on nous dit légères;
Mais, Messieurs nos très-chers époux,
Du poids de vos loix arbitraires
De quel droit nous écrasez-vous?
Sur vos colombes prisonnières,
Vous pesez comme des vautours:
Ah! nous serions bien moins légères,
Si vous étiez un peu moins lourds.

Vous nous blâmez d'être coquettes;
Mais que vous importe, entre nous,
Que nous tournions toutes les têtes
Si notre cœur n'est que pour vous?
Faut-il pour les têtes des autres,
Contre nous ainsi vous fâcher?
Pourvû qu'on ménage les vôtres,
Qu'avez-vous à nous reprocher?

A votre aise, Messieurs les hommes,
Imputez-nous mille défauts;
Mais toutes foibles que nous sommes,
Nous répondrons en peu de mots.

De mon sexe qu'on injurie,
Je me déclare le soutien :
Je vais être juge et partie;
Ainsi, Messieurs, tenez-vous bien.

Vous condamnez notre folie,
Mais, à tort, Messieurs les railleurs;
Car elle est à femme jolie,
Ce que le parfum est aux fleurs.
Au contraire, nos goûts frivoles
Devroient, je pense, vous charmer....
Eh! ne faut-il pas être folles
Pour consentir à vous aimer?

Madame PERRIER.

ROMANCE.

Tu me dis, refrain menteur,
„Aimer est le bien suprême.„
Ah! je sais que le bonheur,
Est d'être aimé quand on aime.
Aimer, sans donner d'amour,
C'est mourir mille fois le jour.

Troquer son cœur pour un cœur,
C'est doubler son existence;
Mais voir payés de rigueur
Ses soupirs et sa constance,
Aimer, sans donner d'amour,
C'est mourir mille fois le jour.

De mes maux prenant pitié,
La jeune et piquante Laure,
M'offre en vain son amitié,
Pour l'amour qui me dévore;
Aimer, sans donner d'amour,
C'est mourir mille fois le jour.

Loin des yeux qui m'ont charmé,
Mourir est ma seule envie;
Quand je ne puis être aimé,
Ah! que m'importe la vie!
Aimer, sans donner d'amour,
C'est mourir mille fois le jour.

M. ARMAND-GOUFFÉ.

LA RÉSOLUTION IMPOSSIBLE.

AIR: *Dans ce sallon ou du Poussin.*
ou: *Non, non, Doris, ne pense pas.*

Il faut enfin me dégager
Des nœuds d'un amour trop fidèle :
Puisque l'ingrate a su changer,
Oublions-la, changeons comme elle.
Oublions ses traits, ses vertus,
Ses beaux yeux, sa taille divine....
Allons, mon cœur, n'y pensez plus ;
Il faut oublier Caroline.

De peur de songer à l'amour,
Eloignons-nous de ce bocage :
Mais quoi ! des oiseaux d'alentour,
J'entends d'ici le doux ramage.
Hélas ! ils chantent le bonheur,
Que la nature leur destine !...
Ne soupirez donc pas, mon cœur,
Ne pensez pas à Caroline.

Je m'approche de ce beau lys,
Frappé de l'odeur qu'il exhale :
Ce lys à mes yeux attendris,
Offre une couche nuptiale.

J'y vois un amoureux pistil,
Caresser la tendre étamine.....
Pourquoi mon cœur soupire-t-il?
Pourquoi penser à Caroline?

Où fuir? et comment l'oublier?
Contre mon repos tout conspire:
Je la vois se multiplier;
Elle est dans l'air que je respire.
Caroline veut m'échapper!
A la rappeller je m'obstine....
Mon cœur, il faut vous détromper!
Il faut oublier Caroline.

M. Duprat.

LA POSTE.

AIR: *Servantes, quittez vos paniers.*

Celui dont les soins bienfaiteurs
    Nous ont donné la poste,
Mérite au rang des inventeurs,
    Un honorable poste.
Cher au commerce, à la beauté,
Au cœur, par l'absence, agité,
Son nom, à l'immortalité
    Devoit aller en poste.

Maint oiseau rendoit un billet,
    Jadis, en confidence:
Un pigeon portoit un *poulet*,
    Avec zèle et prudence.
Mais voilà qu'un cruel chasseur
L'abbattoit, comme un mets flatteur,
Puis, faisoit rôtir le facteur,
    Et la correspondance.

Aujourd'hui, ce billet si cher,
    Sans crainte on peut l'écrire:

Un cachet gravé par *Pikler* (*),
    L'enferme sous la cire.
Le billet vole, il est remis :
Nul ne l'ouvrira.... qu'un commis,
A qui l'usage l'a permis,
    Seulement pour le lire.

Faut-il au loin me transporter ?
    Sur la poste je compte :
Vingt bidets sont prêts à trotter,
    D'une allure assez prompte :
Je fais dix postes en un jour ;
Qui veut en courir vingt, les court,
Sauf les états du Dieu d'amour,
    Où je sais qu'on les compte.

Quand pourront Messieurs les savans,
    Pour signaler notre âge,
De leurs ballons, livrés aux vents
    Rendre l'essor plus sage ?
C'est alors qu'en esprits follets,
Promenant nos cabriolets,
Nous établirons des relais,
    De nuage en nuage.

(*) Fameux graveur.

Courons la poste, en attendant,
    Si c'est là notre envie :
Mais mesurons d'un œil prudent,
    La course de la vie.
Pour enrayer le char des ans,
Tous nos efforts sont impuissans :
Les jours sont la poste du temps,
    Et c'est la mieux servie.

M. DESPREZ.

COUPLETS BACHIQUES.

Mes amis, le vrai Sage
Est celui qui boit bien.
La joie est son partage;
Il ne désire rien.
Dans la machine ronde,
Seul, il voit tout en beau :
Il n'a, dans ce bas monde,
D'autre ennemi que l'eau.

Franchise et bonhommie
Sont les enfans du vin.
Des peines de la vie,
Il délivre soudain.
Par son divin prestige,
Il sait me rendre heureux :
La vérité m'afflige,
En dessillant mes yeux.

A la meilleure tête,
Préférons un bon cœur.
Qu'est-il de plus honnête
Que l'ame d'un buveur?
Jamais la noire envie
N'y versa son poison.
Mensonge et perfidie
Sont fruits de la raison.

M. Carnot.

LES AMOURS DE LAURE.

AIR: *L'amitié vive et pure.*

MA Laure est douce et sage;
Mais je vous dis sans détour,
Qu'avant le mariage
Elle connoissoit l'Amour :
Il la prit dès son aurore,
(On sait qu'il est matinal.)
Ce premier amour de Laure,
Ce fut l'amour filial.

Un amour aussi tendre,
Aussi vif, mais plus joyeux,
Vint bientôt la surprendre,
Suivi des ris et des jeux;
De fleurs, ici même encore,
Elle pare son autel :
Ce second amour de Laure,
Ce fut l'Amour fraternel.

A l'âge où la Nature,
Trop prompte à nous enflammer,
A l'ame la plus pure
Donne le besoin d'aimer,
Un autre amour que j'honore,
Vint briller à ses regards;
Ce troisième Amour de Laure,
Ce fut l'Amour des beaux-arts.

Un amour plus sévère
Si vivement l'exalta,
 Que fort loin de la terre
Sur son aîle il l'emporta.
Cet Amour nous peut encore
Permettre un joyeux refrain.
David dansoit bien, ma Laure,
En chantant l'Amour divin.

 Laure comptoit tout juste
Déjà ces quatre amours-là,
 Lorsqu'en voyant Auguste,
D'un cinquième elle brûla :
Cet Amour qui la colore
D'un incarnat virginal,
Fera le bonheur de Laure,
Car c'est l'Amour conjugal.

 Ici, sans jalousie,
De ces Amours si nombreux
 La troupe réunie
D'Hymen célèbre les nœuds.
L'Amitié qui les seconde,
Chez nous avec eux toujours
Chantera gaîment la ronde
De Laure et de ses amours.

M. L. P. Ségur, l'aîné.

LE CORBILLARD.

Air *du Pas redoublé.*
ou : *Philis demande son portrait.*

Que j'aime à voir un corbillard !
  Ce début vous étonne ;
Mais il faut partir tôt ou tard,
  Le sort ainsi l'ordonne ;
Et, loin de craindre l'avenir,
  Moi, dans cette aventure,
Je n'apperçois que le plaisir
  De partir en voiture.

En voiture nos bons aïeux
  Se plaisoient ; mais du reste,
Chez eux, quand on fermoit les yeux,
  On étoit plus modeste.
Nous n'avons pas, vous le voyez,
  Leur ton ni leur allure :
Nous mettons les vivans à pied,
  Et les morts en voiture.

Le riche, en mourant, perd son bien ;
  Moi, je vois tout en rose ;
Je n'ai rien, je ne perdrai rien :
  C'est toujours quelque chose.

Je me dirai : ,, D'un parvenu
　　,, Je n'ai pas la tournure ;
,, Pourtant à pied je suis venu,
　　,, Et je pars en voiture. ,,

De ces riches, qu'on trouve heureux,
　　Quel est donc l'avantage ?
Ils font, par des valets nombreux,
　　Suivre leur équipage.
Ce luxe ne m'est point permis ;
　　Ma richesse est plus sûre :
Un jour on verra mes amis
　　Derrière ma voiture.

A mon départ, en vérité,
　　Je songe sans murmure,
Pourvû que long-temps la gaîté
　　Remise ma voiture.
O gaîté ! lorsque tu fuiras,
　　Invoquant la Nature,
Je dirai : ,, Fais, quand tu voudras,
　　,, Avancer ma voiture. ,,

　　　　　　M. ARMAND GOUFFÉ.

JE NE SAIS QUOI.

Air: *Du haut en bas.*

Je ne sais quoi,
Fait que parle et que je pense.
Je ne sais quoi,
Me dit: „A l'ouvrage mets-toi;
„Arrange des mots en cadence,
„Pour chansonner avec aisance,
„*Je ne sais quoi*."

Je ne sais quoi,
Fait mouvoir ce qu'on nomme *monde*:
Je ne sais quoi,
D'attraction cause la loi.
Qui fait, sur la machine ronde,
Le flux et le reflux de l'onde?
Je ne sais quoi.

Je ne sais quoi,
De l'esprit est la quintessence:
Je ne sais quoi,
Fait que je doute ou que je croi.
Qui met en moi l'intelligence?
Ou la mémoire, ou la démence?
Je ne sais quoi.

Je ne sais quoi,
J'étois l'instant avant de naître:
Je ne sais quoi,
A moi, dans moi, donne la loi.
Bientôt, il faudra disparoître;
Alors, que deviendra mon être?
Je ne sais quoi.

M. Etienne Despréaux.

EPIGRAMME.

AIR: *Du serin, qui te fait envie.*
ou: *Contre les chagrins de la vie.*

L'EXISTENCE est une pendule
Que par soi-même il faut guider :
Malheur à l'homme trop crédule
Qui la donne à raccommoder !
On croit qu'Hyppocrate calcule
Quand il s'agit d'y regarder ;
Mais il l'avance sans scrupule,
Ne pouvant pas la retarder.

M. DE P-IIS.

LA CONSÉCRATION DES FLEURS.

AIR: *Dans ce sallon où du Poussin.*
ou: *Femmes, voulez-vous éprouver.*

L'AIMABLE Flore dit un jour:
„Les vertus font chérir les belles;
„A chaque vertu tour-à-tour
„Je veux offrir des fleurs nouvelles.
„Au *Lys* je donne la blancheur,
„Emblême d'une ame céleste;
„Et je consacre à la pudeur
„La *Violette* humble et modeste.

„Pour la simplicité qui plaît,
„Les *Marguerites* sont écloses:
„En faveur de l'amour parfait,
„Je fais épanouir les *Roses*.
„Je veux encore pour l'honneur,
„Pour la fidélité sacrée,
„Précieux gage du bonheur,
„Créer la tendre *Germandrée* (*).

──────────

(*) La *Germandrée* s'appelle en allemand *Vergifsmeinnicht*, qui signifie: *ne m'oubliez pas.* Le nom de cette fleur en françois ne rappelle pas de même l'idée de l'amour fidèle; aussi les poëtes et les amans ne l'ont-ils jamais consacrée.

J'avois vu d'un œil enchanté
S'élever chaque fleur nouvelle.
Ces fleurs, dis-je à la déité,
Conviennent toutes à ma belle.
Donnez-les moi, ne craignez rien;
A la vertu je les destine....
„Ah! dit Flore, je le vois bien,
„C'est pour ta chère Caroline.„

M. DUPRAT.

CONSEIL AUX POÉTES.

O vous qu'on voit dans le sacré vallon,
Ainsi que moi faites choix d'une amie ;
Et vous verrez qu'Amour, mieux qu'Apollon,
Sait d'un Poëte échauffer le génie.

Oui, mes amis, voulez-vous réussir ?
Pour tout esprit, ayez de la tendresse :
On écrit bien guidé par le plaisir,
Et le plaisir est près d'une maîtresse.

M. JACQUELIN.

LE BON VIEUX TEMPS.

Autrefois, aux pieds de nos belles,
On perdoit son temps et ses frais;
Mais aujourd'hui les plus cruelles
Entendent mieux leurs intérêts.
On ne trouve plus d'inhumaine;
On aime, on plaît, en peu d'instans.
O mes amis, est-ce la peine
De regretter le bon vieux temps?

Jadis la beauté ridicule
Cachoit gauchement ses appas;
On montre aujourd'hui, sans scrupule,
Gorge d'albâtre et joli bras.
Nos dames ont banni la gêne;
Tous les costumes sont décens :
Pour la décence, est ce la peine
De regretter le bon vieux temps?

Bals, concerts, sont à la douzaine :
Spectacles toujours fréquentés;
J'en compte plus d'une vingtaine,
Ces français, si vieux, exceptés.
Des journaux !.... j'en vois par centaine,
Et n'en lis pas deux, tous les ans....
Pour bien bâiller, est-ce la peine
De regretter le bon vieux temps?

Suivant bonnement la nature,
Molière peignit à grands traits ;
Aujourd'hui tout est mignature :
Rien de si fin que nos portraits.
Nous avons enrichi la scène
De tableaux petits, mais touchans.
Pour du comique, est-ce la peine
De regretter le bon vieux temps ?

Dans notre bonne compagnie,
On jargonne à la *Marivaux* ;
Ce que l'on avoit en génie,
Nous l'avons mis en madrigaux.
Tant d'esprit si loin nous entraîne,
Qu'il nous dispense du bon sens :
Pour du bon sens, est ce la peine
De regretter le bon vieux temps ?

Fort jeune, j'eus un bénéfice ;
Aujourd'hui, je n'ai pas le sou.
Chaque soir, disant mon office,
J'étois sage, et je deviens fou.
Au lieu de chanter une antienne,
Je fredonne des airs galans :
Pourvu qu'on chante, est-ce la peine
De regretter le bon vieux temps ?

M. PRÉVÔT D'IRAY.

L'ILLUSION.

Air: *Philis demande son portrait.*

On cherche, on craint la vérité:
    Telle est notre foiblesse!
Nous vantons beaucoup sa clarté,
    Mais son éclat nous blesse.
Nous avons trop besoin d'erreur
    Pour aimer sa lumière;
C'est en consumant notre cœur
    Que son flambeau l'éclaire.

Dans un puits l'amour l'exila,
    La trouvant trop sévère;
Pour la remplacer, il créa
    L'illusion légère.
De cette aimable déité
    L'enfance est éternelle;
L'espérance et la volupté
    Sont toujours auprès d'elle.

L'illusion de ses faveurs
    Enivre la jeunesse,
Et couvre encor de quelques fleurs
    Le front de la vieillesse:

Elle rajeunit les désirs
 Elle embellit les belles,
Et nous offre tous les plaisirs
 En nous cachant leurs aîles.

L'illusion peuple les cieux;
 C'est sa douce magie
Qui fit placer au rang de Dieux
 Melpomène et Thalie.
Elle a fondé pour les neuf sœurs
 Le temple de mémoire;
Elle nuance les couleurs
 Du prisme de la gloire.

Pour moi tout prend sous ses pinceaux
 Une grace nouvelle;
Mes amis n'ont point de défauts;
 Ma maîtresse est fidelle.
Aux auteurs chéris d'Apollon
 M'égalant sans scrupule,
Pour avoir fait cette chanson,
 Je me crois un Tibulle.

M. L. P. SÉGUR l'ainé.

LE SECRET DU BONHEUR.

AIR: *Cœurs sensibles, cœurs fidèles.*

A dix-huit ans, qu'on est bête
A poursuivre le plaisir !
On porte aux cieux sa conquête,
Sans jamais oser jouir.
On aime alors par la tête,
C'est un malheureux défaut ;
L'Amour est logé trop haut.   (*bis.*)

Bientôt une vive flamme,
Partout cherche un aliment :
On ne voit dans chaque femme
Qu'un objet d'amusement.
Mais des vrais plaisirs de l'âme
Alors on ne jouit pas....
L'Amour est logé trop bas.   (*bis.*)

Mais fixer de sa tendresse
Les feux toujours renaissans,
Jouir avec sa maîtresse
Et par l'âme et par les sens....
Prolonger la douce ivresse
D'une mutuelle ardeur,
C'est le secret du bonheur.   (*bis.*)

M. DUPRAT.

L'ESPRIT ET L'ADRESSE.

AIR: *Ce fut par la faute du sort.*
ou: *Dans ce sallon où du Poussin.*

Faites l'éloge de l'esprit,
Vous qu'un vain éclat intéresse;
Moi, que le grand jour éblouit,
Je me déclare pour l'adresse.
Mon sexe m'en fait une loi;
D'ailleurs, n'en déplaise aux poëtes,
Un auteur a dit avant moi:
Ah! que les gens d'esprit sont bêtes!

Aux écrivains les plus connus
Demandez si l'esprit engraisse;
Demandez à nos parvenus
Si l'on maigrit avec l'adresse.
L'esprit peut donner quelquefois
Un coloris à la vieillesse;
Mais combien de jolis minois
Ne le sont qu'à force d'adresse!

L'homme d'esprit et l'homme adroit
Diffèrent dans le tête-à-tête;
Quand l'un à son but va tout droit,
L'autre aux cieux porte sa conquête.

Il vante les attraits, la voix;
Mais l'homme adroit, que rien n'étonne,
A bientôt pris plus d'une fois
Ce que l'autre attend qu'on lui donne.

Voyez ce chasseur attentif
Qui n'a que l'adresse pour guide,
Suivant l'oiseau d'un œil furtif,
L'atteindre dans son vol rapide.
Vous êtes les chasseurs adroits,
Et nous le gibier qu'on attrape;
Mais nous manquez-vous une fois?
Sans retour l'oiseau vous échappe.

Madame PERRIER.

LE COUP DU MILIEU (1).

CHANSON BACHIQUE.

Air *du petit matelot.*

Nos bons aïeux aimoient à boire:
Que pouvons-nous faire de mieux?
Versez! versez! je me fais gloire
De ressembler à mes aïeux! (*Bis.*)
Entre le Chablis, que j'honore,
Et l'Aï, dont je fais mon dieu,
Savez-vous ce que j'aime encore?
C'est le petit *Coup du milieu.* (*Bis.*)

Je bois quand je me mets à table,
Et le vin m'ouvre l'appétit:
Bientôt, ce nectar délectable
Au dessert, m'ouvrira l'esprit. (*Bis.*)
Si tu veux combler mon ivresse,
Viens, Amour, viens, espiègle dieu,
Pour trinquer avec ma maîtresse,
M'apprêter *le Coup du Milieu.* (*Bis.*)

---

(1) Verre de vin de Madère ou verre de rhum, que l'on boit dans les grands repas, entre le premier et le second service.

Ce joli *coup*, chers camarades,
A pris naissance dans les cieux;
Les dieux buvoient force rasades,
Buvoient enfin.... comme des dieux:
Les déesses, femmes discrètes,
Ne prenoient point goût à ce jeu:
Vénus, pour les mettre en goguettes,
Proposa *le Coup du milieu*. (*Bis.*)

Aussitôt cet aimable usage
Par l'Amour nous fut apporté:
Chez nous, son premier avantage
Fut d'apprivoiser la beauté. (*Bis.*)
Le sexe, à Bacchus moins rebelle,
Lui rend hommage en temps et lieu,
Et l'on ne voit pas une belle
Refuser *le Coup du milieu*. (*Bis.*)

Buvons à la paix, à la gloire;
Ce plaisir nous est bien permis;
Doublons les rasades pour boire
A la santé de nos amis. (*Bis.*)
Des muses, disciples fidèles,
Buvons à *Favard*, à *Chaulieu*;
Et, pour la santé de nos belles,
Réservons *le Coup du milieu*. (*Bis.*)

M. ARMAND-GOUFFÉ.

ADIEU A L'HIVER.

AIR: *Des trembleurs.*

Adieu, frimats et froidure,
Coin du feu, manchon, fourrure,
Rhume, catarre, engelure,
Neige, grêle, pluie et vents.
Triste hiver, mal nécessaire,
Des plus beaux jours le contraire,
Pour neuf mois, quitte la terre,
Pars, et fais place au printemps.

Vent de bise, qui tout glace,
Fais à l'instant volte-face;
Retourne au pôle, et fais place
A la saison des amours.
Je vois poindre la verdure;
Et l'horizon qui s'épure,
M'annonce que la nature
Va ramener les beaux jours.

Glaçons, devenez fluides,
Suivez la loi des liquides;
Que de belles eaux limpides,
Ravivent nos végétaux.
Ah! puisse aussi la finance
Circuler avec aisance,
De main en main, dans la France,
Et chasser aussi nos maux!

Fuyez, froides giboulées,
Qui n'allez que par volées;
Partez, tardives gelées,
Le fléau de nos guérets.
Ah! puissions-nous voir la guerre,
Et sa gloire imaginaire,
Avec vous, quitter la terre,
Mais ne revenir jamais!

Brouillard, quitte l'atmosphère;
Rosée, imbibe la terre;
Soleil, lance ta lumière,
Et fais éclorre des fleurs.
Donne-nous belles journées,
Prépare bonnes années,
Plus heureuses destinées,
Et rends le calme à nos cœurs.

Hiver, il faut disparoître;
Demain, le printemps va naître:
Je sens déjà dans mon être,
Circuler son tendre feu.
Je retrouve ma jeunesse,
Ma gaîté, mon allégresse;
Quitte ces lieux; le temps presse:
Va-t-en, minuit sonne, adieu.

M. E. Despréaux.

LE DEMI-MOT.

NE pas tout dire est une adresse,
Ne pas tout montrer est un art.
Le voile ôté, le charme cesse;
Entr'ouvert, il plaît au regard.
Il est une heureuse alliance,
Et de l'esprit et de l'amour,
Qui fait connoître la puissance
Du demi-mot, du demi-jour.

Phœbé pour un mortel s'enflamme;
Mais, modeste en sa volupté,
Plus l'amour découvre son ame,
Plus elle voile sa clarté :
Ce mot, *j'aime*, en sa bouche expire;
Son amant l'essaie, à son tour.
Qui cause leur tendre délire?
Le demi-mot, le demi-jour.

Toi, si belle et toujours si tendre,
La Vallière, au déclin du jour,
Sans croire que l'on peut t'entendre,
Tu viens soupirer ton amour:
Louis devine sa victoire,
Qu'il dérobe à toute sa cour.
Que préfére-t-il à sa gloire?
Le demi-mot, le demi-jour.

M. J. A. SÉGUR.

MES CAPRICES
A Glycère,
qui m'appelloit capricieux.

Air: *Du jaloux malgré lui.*
ou *J'ai vu partout dans mes voyages.*

Vous dites que j'ai des caprices,
Eh bien! je ne m'en défends pas:
L'esprit fit toujours mes délices,
Les talens m'offrent mille appas;
La beauté sait aussi me plaire,
Un bon cœur ne m'est pas moins doux;
Voilà mes caprices, Glycère,
Je ne les ai pris que chez vous.

M. Jacquelin.

BONTÉ ET GAITÉ.

Pannard, franc luron,
Amuse, intéresse :
J'en sais la raison ;
C'est qu'il est sans cesse .. *Bon*
Lan farira dondaine .... *Gai*
Lan farira dondé.

 Nargue du grand ton
 D'un sot petit-maître ;
 Vive un gros garçon,
 Qui sait toujours être ... *Bon*
Lan farira dondaine .... *Gai*
Lan farira dondé.

 Si j'aime Alison,
 C'est que, pour me plaire,
 Ce joli tendron
 Est d'un caractère ...... *Bon*
Lan farira dondaine .... *Gai*
Lan farira dondé.

 Un drame à prison
 Est soporifique ;
 Je hais son jargon ;
 J'aime le comique ...... *Bon*
Lan farira dondaine .... *Gai*
Lan farira dondé.

J'aime une chanson,
Quand je puis entendre
Couplet sans façon
Que Bacchus sait rendre .. *Bon*
Lan farira dondaine......... *Gai*
Lan farira dondé.

Mais pour le sermon,
Je suis tout de glace;
Il est triste et long;
J'attends qu'on le fasse ... *Bon*
Lan farira dondaine .... *Gai*
Lan farira dondé.

J'aime le flacon,
Souvent je le nomme;
Voici ma raison:
Le bon vin rend l'homme . *Bon*
Lan farira dondaine .... *Gai*
Lan farira dondé.

Notre hôte, dit-on,
Là-bas nous réserve
De très-vieux Mâcon:
On sus qu'on le serve.... *Bon*
Lan farina dondaine .... *Gai*
Lan farira dondé.

M. ARMAND-GOUFFÉ.

CHANSON MORALE.

Air : *Dans ce sallon où du Poussin.*
ou : *J'étois bon chasseur autrefois.*

Rions, chantons, aimons, buvons,
En quatre points, c'est ma morale ;
Rions tant que nous le pouvons,
Afin d'avoir l'humeur égale.
L'esprit sombre, que tout aigrit
Tourmente ce qui l'environne ;
Et l'homme heureux, qui toujours rit,
Ne fait jamais pleurer personne.

Souvent les plus graves leçons
Endorment tout un auditoire :
Mettons la morale en chansons,
Pour la graver dans la mémoire.
A ses vœux un chanteur, dit-on,
Rendit l'enfer même docile :
Orphée a montré qu'un sermon
Ne vaut pas un bon vaudeville.

Quand Dieu noya le genre humain,
Il sauva Noé du naufrage,
Et dit en lui donnant du vin,
„Voilà ce que doit boire un Sage.„

Buvons-en donc jusqu'au tombeau :
Car, d'après l'arrêt d'un tel juge,
Tous les méchans sont buveurs d'eau ;
C'est bien prouvé par le déluge.

Un cœur froid, qui jamais n'aima
Du ciel déshonore l'ouvrage ;
Et pour aimer, Dieu nous forma,
Puisqu'il fit l'homme à son image.
Il faut aimer, c'est le vrai bien.
Suivons, amis, ces loix divines :
Aimons toujours notre prochain,
En commençant par nos voisines.

M. L. P. Ségur ainé.

CHANSON DIDACTIQUE.

Air : *O Fontenay, qu'embellissent les roses.*

Jeunes amans, écoutez les mystères,
Qu'un Dieu malin vous apprend par ma voix :
Pour être aimés de vos tendres bergères,
Ménagez-les à la première fois.

Ne brusquez pas la pudeur qui s'abuse
Et se défend d'obéir à vos loix.
Tous les appas qu'à vos yeux on refuse,
Vous les verrez à la seconde fois.

Dans la victoire allez avec audace,
Et sans pitié poursuivez vos exploits :
Un double crime est indigne de grace,
Mais on pardonne à la troisième fois.

Près de l'Amour votre belle sommeille,
Croyant avoir épuisé son carquois :
D'un nouveau trait bientôt il la réveille,
Elle est à vous la quatrième fois.

Au jeu d'aimer variant vos caprices,
Des voluptés vous prescrirez le choix :
Sachez pourtant borner vos sacrifices,
Pour en offrir encore une autre fois.

M. Duprat.

ALTE-LÀ!

VAUDEVILLE.

AIR: *Chansonniers, mes confrères.*

Collé fit par la ville
    Goûter,
    Fêter
Le franc vaudeville:
Eh bien! prenons son style.
Chut! l'on me dit déjà:
    Alte-là! (Ter.)

Depuis qu'il s'en alla,
On fit par-ci par-là
Une chanson facile,
    Dans nos
    Journaux
On vit à la file
Des chansonniers par mille;
Mais après celui-là....
    Alte-là! (Ter.)

Je veux pourtant chanter:
Qui pourrait m'arrêter?

Tant qu'on aura des femmes,
>Des nains
>Biens vains,
Sur-tout de longs drames,
Aux faiseurs d'épigrammes
Jamais on ne dira :
>*Alte-là !* (Ter.)

De nos malheurs passés
Et des fripons placés
Ferai-je la satyre?
>Non, j'ai
>Songé
Qu'il valait mieux rire,
Et qu'on m'aurait pu dire :
Ah ! tu prends ce ton-là !....
>*Alte-là !* (Ter.)

Du théâtre aujourd'hui
Faut-il peindre l'ennui ?
Sur la scène comique,
>Auteurs,
>Acteurs
Bravent la critique ;
C'est au siffleur caustique
A dire à ces gens-là :
>*Alte-là !* (Ter.)

Peindrai-je nos romans?
D'honneur ils sont charmans:
On y voit pour morale
  Horreur,
  Terreur,
Désordre et scandale;
Mais puisque la cabale
Applaudit tout cela,
  Alte-là! (Ter.)

Je peindrais bien nos mœurs,
Nos goûts et nos humeurs.
La femme est si coquette,
  Le fat
  Si plat,
L'amoureux si bête!....
Mais il faut être honnête,
Ou l'on se fâchera.
  Alte-là! (Ter.)

M. ARMAND GOUFFÉ.

L'INDISCRÉTION.

CONTE.

AIR: *Tout le long de la rivière.*

Si vous voulez être discret,
Je vous confierai mon secret;
Mais n'en dites rien à personne;
C'est à ce prix que je le donne:
Ou, si vous manquez à ce point,
De grace ne me nommez point.
Être indiscret, n'est pas mon caractère,
Et ce que je sais, je sais fort bien le taire,
Et ce que je sais, je sais le taire.

Lise demeure en ma maison,
Elle a bon air, bon tour, bon ton.
Un jour, je lui dis: ,,Ma voisine,
,,Avec une aussi gente mine,
,,Avec un regard si charmant,
,,Vous avez sans doute un amant?
,,Être indiscret, n'est pas mon caractère etc.

La belle, d'un air sérieux,
Me dit: ,,Monsieur est curieux!,,
Puis, en s'éloignant d'un pas fermé,
Ouvre la porte, entre et la ferme.

Surpris de ce ton singulier,
Je lui criai, sur l'escalier ;
Être indiscret, n'est pas mon caractère,
Et ce que je sais, je sais fort bien le taire,
Et ce que je sais, je sais le taire.

Sur le minuit, rentrant chez moi,
Poussé par un je ne sais quoi,
Je vis la clef après sa porte :
Le diable, ou l'amour me transporte ;
Je tourne la clef lentement,
J'ouvre la porte doucement.
Être indiscret, n'est pas mon caractère, etc.

Dans son antichambre, à tâtons,
J'entre, sans poser les talons.
Bouche ouverte, oreille attentive,
Cœur palpitant, sur le qui-vive,
Tremblant de crainte et de plaisir,
Mais attiré par le désir.
Être indiscret, n'est pas mon caractère, etc.

Au fond de son appartement,
Mon œil apperçoit, justement,
Une cloison assez mal jointe ;
M'élevant un peu sur la pointe,
En clignant l'œil, je pouvois voir
Ce qu'on faisoit dans le boudoir.
Être indiscret, n'est pas mon caractère, etc.

Femme charmante est au miroir,
La glace doubloit mon espoir;
Son ondulante chevelure
Flottoit autour de sa figure;
Je jugeois par son embonpoint,
De ce que je ne voyois point.
Être indiscret, n'est pas mon caractère,
Et ce que je sais, je sais fort bien le taire,
Et ce que je sais, je sais le taire.

La belle se déshabilloit;
A chaque épingle qu'elle ôtoit,
De plaisir je versois des larmes;
Je me disois : „Ah! que de charmes;
„Sont cachés sous ce vêtement!„
J'aspirois au dernier moment.
Être indiscret, n'est pas mon caractère, etc.

Grands Dieux! en croirai-je mes yeux?
Ces beaux et superbes cheveux
Etoient une perruque blonde;
Et cette belle forme ronde
Devoit tout au fichu menteur;
En elle tout étoit trompeur.
Être indiscret, n'est pas mon caractère, etc.

Les faux appas de ma Lison
Me rendirent à la raison,

Mon cœur, de feu, devint tout glace;
Sans dire mot, quittant la place,
Je sortis tout déconcerté;
De rien je ne me suis vanté.
Être indiscret n'est pas mon caractère;
Et ce que je sais, je sais fort bien le taire;
Et ce que je sais, je sais le taire.

M. Etienne Despréaux.

SUR UN BOUDOIR.

Air *du Vaudeville de Figaro.*

Un boudoir sembleroit dire
Un lieu propre pour l'humeur :
Je doute qu'on s'y retire,
Pour bouder contre son cœur :
Entrant dans ce lieu, Thémire,
On peut n'être pas d'accord ;
On s'entend quand on en sort. (*Bis.*)

L'amant qui cherche un modèle,
Pour bien meubler un boudoir,
D'une glace trop fidèle,
Doit redouter le pouvoir :
Il ne faut pas qu'une belle,
Puisse pour se décider,
Voir ce qu'elle va céder. (*Bis.*)

Qu'un ambitieux s'agite
Du matin jusques au soir ;
Que dans sa tête il médite
Le crédit qu'il veut avoir :
Moi, bien loin que je l'imite,
Je ne veux d'un grand pouvoir,
Qu'au fond d'un petit boudoir. (*Bis.*)

M. J. A. Ségur.

CONSEILS A MON HEUREUX RIVAL.

AIR: *Dans ce sallon où du Poussin.*

Ne vas pas la main sur le cœur
Dire sans cesse à ton amie :
„Je t'aime seule et mon ardeur
„Ne finira qu'avec ma vie.„
Parois au contraire à ses yeux
Avec une autre qui l'égale ;
Elle t'aimera cent fois mieux,
En se voyant une rivale.

Fais qu'elle trouve un billet doux,
Lorsqu'elle fouille dans tes poches,
Que l'on t'y donne un rendez-vous,
Ou qu'on t'y fasse des reproches.
D'un amour qui n'existe pas
Tu lui feras le sacrifice,
Et tu trouveras dans ses bras,
Le doux prix de ton artifice.

Surtout ne vas point t'opposer
A son goût trop vif pour la danse ;
Si tu ne la menois walser
Madame iroit en ton absence.

Prête-lui beaucoup de romans;
Contr'eux c'est en vain qu'on murmure :
Mais tâche d'arriver à temps,
Pour profiter de sa lecture.

Quand tu vanteras ses appas,
Que ta bouche les exagère,
Sur ceux que la Dame n'a pas
Fort prudemment il faut se taire.
Non, prête-lui plus de beauté
Qu'à la Vénus du Capitole;
Elle a si peu de vanité,
Qu'elle t'en croira sur parole.

Heureux favori de l'Amour,
Mon successeur près de ma belle;
Cher rival, reçois en ce jour
Ces avis pour être aimé d'elle.
Tu croiras sans difficulté
Que par eux tu sauras lui plaire;
Car ta maîtresse m'a quitté,
Pour avoir fait tout le contraire.

M. JACQUELIN.

LES FAUVETTES.

AIR: *Lorsque dans une tour obscure.*

O vous, dont la douce innocence
Ajoute aux charmes de ces lieux,
Ne redoutez pas ma présence,
Je ne viens point troubler vos jeux.
Tendres fauvettes, je suis mère;
Nous vivons sous la même loi;
Mais cet azile solitaire
Vous rend plus heureuses que moi.

A l'aspect de cette prairie,
Je me sens déjà ranimer:
Ici je passerois ma vie....
C'est ici que l'on sait aimer.
Vous n'êtes jamais infidèles,
Un seul objet sait vous fixer....
Et pourtant vous avez des aîles:
Mais c'est pour mieux vous caresser.

Ah! d'où naît ce léger ramage
Que j'entends parmi ces roseaux?
Je dois deviner ce langage....
Volez, volez, heureux oiseaux.

Votre famille vous appelle,
Craignez de la faire languir....
Car un nouveau besoin pour elle
Vous promet un nouveau plaisir.

Je pars, fauvettes innocentes,
Mais je reviendrai dans ces lieux.....
Ah! puissent vos leçons touchantes
M'instruire dans l'art d'être heureux !
Ou si je ne dois plus prétendre
Au bonheur qui m'est enlevé,
Laissez-moi vous voir, vous entendre :
Je croirai l'avoir retrouvé.

Madame PERRIER.

JEAN LAFONTAINE.

AIR: *On compteroit les diamans.*

Toi qui, dans tes charmans écrits,
Peins ton ame toujours égale,
Au milieu des jeux et des ris,
Tu tiens école de morale.
Le Plaisir y parle raison;
En jouant, tu m'instruis sans cesse;
Et, pour faire aimer la leçon,
Tu fais badiner la sagesse.

C'est toujours un mouvant tableau;
A ton gré la scène varie;
Et sous ton magique pinçeau,
L'Univers est une féerie.
Là, pour grapiller en secret,
Je m'enferme avec la *belette*:
Quitte à casser le *pot-au-lait*,
Ici je saute avec *Perrette*.

Plus loin, la dame *au nez pointu*,
Devient la dame *au long corsage*;
Après *la gent trotte-menu*,
Je vois courir *Grippe-fromage*.
Je combats *Rominagrobis*;
Rodillardus me désarçonne;
Au siège de *Ratopolis*,
Bientôt, je me trouve en personne.

Sous sa plume tout s'embellit
Par son élégance facile ;
Sous sa plume tout s'anoblit,
Par la richesse de son style.
Me dira-t-on que la pudeur
De ses jolis contes s'offense ?
S'il avoit eu moins de candeur,
Il eût mieux connu la décence.

Dans sa conduite et ses discours,
Il fut simple et sans imposture :
Le bon-homme resta toujours,
Comme l'avoit fait la Nature.
Immodeste, moins qu'ingénu,
Il est ce qu'on le voit paroître ;
Il ne rougit point d'être nu,
Tel que l'enfant qui vient de naître.

Riche de sublimes clartés,
Mon maître ! ô combien dans tes fables,
Tu renfermes de vérités,
Que tu sais toujours rendre aimables !
Fait pour vivre dans tous les temps,
Ton livre plaît à tous les âges :
Il sert de hochet aux enfans,
Et c'est le bréviaire des sages.

M. Prévôt d'Iray.

LES MOEURS DE MON VILLAGE.

AIR: *Ce mouchoir, belle Raymonde.*

Autrefois, dans mon village,
On en usoit sans façon :
Le bon ton, le bel usage,
N'étoient connus que de nom.
Aujourd'hui, dans notre azile,
Les beaux-arts ont pénétré ;
Et l'on est, comme à la ville,
Elégant et maniéré.

Autrefois, dans mon village,
On s'aimoit tout bêtement ;
Et d'un joli persifflage
On ignoroit l'agrément.
Mais dans le talent utile
De déchirer son ami,
Presque aussi bien qu'à la ville,
On réussit aujourd'hui.

On avoit la bonhommie
Avec peu d'être content,
On passoit toute la vie,
A rire et chanter gaîment.

Mais d'une joie inutile
On est fort bien revenu ;
Et presque autant qu'à la ville,
Le plaisir est inconnu.

On eut toujours la sottise
D'économiser ses biens :
Et chacun, suivant sa guise,
Faisoit valoir ses moyens.
On n'est plus si mal-habile ;
On mange ce qu'on n'a pas ;
On jeûne, comme à la ville,
Pour donner de grands repas.

Chacun alloit le Dimanche
Ecouter notre curé :
Tout vieillard à grande manche,
Tout docte étoit révéré.
Aujourd'hui, sur l'évangile,
On raisonne en avocat ;
Et, de même qu'à la ville,
Chacun veut régler l'Etat.

D'un amour de tourterelle,
On languissoit tristement ;
C'étoit assez d'être belle,
Pour captiver un amant.

Aujourd'hui, c'est inutile :
On calcule beaucoup mieux ;
Et l'or, tout comme à la ville,
L'emporte sur les beaux yeux.

En hibou, dans nos ménages,
Chacun faisoit ses enfans :
Les femmes étoient sauvages,
Les maris récalcitrans.
Aujourd'hui, tout est docile
Au bon vouloir des amans ;
Et presque autant qu'à la ville,
Les époux sont complaisans.

La timide pastourelle
Ignoroit le nom d'amour ;
N'osoit lever la prunelle,
Et travailloit tout le jour.
Maintenant elle est subtile,
S'enflamme à commandement ;
Et sait, tout comme à la ville,
Vous aimer pour votre argent.

M. CARNOT.

MES CINQ RÊVES.

AIR: *J'ai rêvé toute la nuit.*

J'ai rêvé que je rêvois
A tout ce que je devois :
La fortune au même instant
 Paya tout comptant,
 J'étois tout content ;
Un créancier m'éveilla,
Et mon bonheur s'envola.

J'ai rêvé que sous les cieux
Étoit un peuple d'heureux ;
Les hommes n'y disputoient,
 Ni ne s'insultoient,
 Ni ne se battoient ;
Il est vrai que ces humains
N'avoient ni langue ni mains.

J'ai rêvé toute la nuit
Que j'avois beaucoup d'esprit ;
Parlant à tort, à travers,
 Je faisois des vers :   (*bis.*)
Le sifflet d'un envieux
Me força d'ouvrir les yeux.

J'ai rêvé que la vertu
Laissoit l'homme mal vêtu,
Que les promesses souvent
  N'étoient que du vent.   (*bis.*)
A mon réveil j'ai trouvé
Tout ce que j'avois rêvé.

J'ai rêvé que j'étois mort,
Je plaignois mon triste sort;
Je me suivois pas-à-pas,
  Pleurant mon trépas,
  Poussant des hélas!
Mais l'Amour, au même instant,
Me réveilla bien portant.

M. Etienne Despréaux.

L'ENTERREMENT DIFFÉRÉ.

AIR: *Vivre loin de ses amours.*

De mon cœur la froide paix
Me désole et me fait honte;
Dans le bois le plus épais,
Loin des portes d'Amathonte,
Dès ce soir, petits Amours,
Qu'on m'enterre, hélas! pour toujours.

Sans brancard, et sans effroi
Je vais suivre à pied vos traces;
Mais avant permettez-moi
D'admirer encor les Graces:
Je ne veux, petits Amours,
Que leur dire adieu pour toujours.

O plaisir inespéré!
Ces trois sœurs chastes, mais nues,
Par vos soins, tout à mon gré,
Je les vois, je les ai vues!...
Maintenant, petits Amours,
Fermez-moi les yeux pour toujours.

Deux-à-deux, la torche en main,
Avancez.... jusqu'à la rose
Qui, là-bas sur le chemin,
De moi réclame une pause:
Oui je veux, petits Amours,
Dire à Flore adieu pour toujours.

S'il vous plaît, reposons-nous
De nouveau près de ce hêtre,
Auquel j'ai, dans mon courroux,
Suspendu mon luth champêtre....
A Phébus, petits Amours,
Je dois dire adieu pour toujours.

Halte encor; de mes amis
J'apperçois le joyeux groupe,
Qui d'un vin, sans doute exquis,
M'offre une dernière coupe;
A Bacchus, petits Amours,
Je dois dire adieu pour toujours.

De mourir j'ai fait serment,
Et j'en ai bien bonne envie;
Mais je doute en ce moment
Que vous, qui donnez la vie,
Vous puissiez, petits Amours,
Me l'ôter, surtout pour toujours.

De vos traits armez mon bras,
Et sans un regret extrême
Je me donne le trépas....
Mais quoi! l'on meurt de soi-même
Quand il faut, petits Amours,
Qu'on vous dise adieu pour toujours.

Jurez-moi de ne souffrir
Sur ma tombe aucune pierre;
Jurez-moi de la couvrir
Ou de mousse ou de fougère....
А ce prix, petits Amours,
Je vais me percer.... pour toujours.

Arrêtons dans cet endroit:
La lune ose à peine y luire;
L'onde y dort, le myrte y croît,
La tourterelle y soupire.
Creusez-là, petits Amours,
Creusez-là mon lit pour toujours.

Un moment... oui, sur nos pas
Retournons jusqu'à Cythère....
Croiriez-vous que je n'ai pas
Pris congé de votre mère?
A Vénus, petits Amours,
Je dois dire adieu pour toujours.

Vénus par son doux regard,
Flore par son doux sourire,
Bacchus par son doux nectar,
Phébus par sa douce lyre,
Pourroient bien, petits Amours,
Me ressusciter pour toujours.

M. DE PIIS.

COUPLET
A Madame H. L. G.
en lui envoyant une *Pensée* dans une lettre.

Air: *Fuyant et la ville et la cour.*

Agréez cette simple fleur:
Quand elle vous fut adressée,
Comme le tribut de mon cœur,
C'étoit une belle *Pensée.*
Hélas! le tems la flétrira,
Mais non mon amitié fidelle;
Pour l'amitié conservez-la,
Cette *Pensée* est naturelle.

M. Duprat.

ÉLOGE DES FEMMES.

RONDE.

AIR *du Vaudeville de folie et Raison.*

Pour célébrer les Dames
Redoublons tous d'ardeur :
Amis, chanter les femmes,
C'est chanter le bonheur.

Femme nous donne la lumière,
Elle embellit notre printemps ;
A la fin de notre carrière
Elle charme encor nos vieux ans.
    Pour célébrer etc.

Aux derniers temps de nos disgraces
Elle sut adoucir nos maux :
C'est alors qu'on vit chez les Graces
Tout le courage des Héros.
    Pour célébrer etc.

D'un sexe, charme de la vie,
Fuyons le calomniateur,

Dans ses fureurs l'ingrat oublie
Qu'il lui doit sa mère et sa sœur.
    Pour célébrer etc.

Chantre du mérite des femmes,
Que n'ai-je ton brillant pinceau!
Je voudrois auprès de ces dames
Faire un poëme in-folio.
    Pour célébrer etc.

Boileau lança des épigrammes
Qu'on a grand tort de répéter;
Il ne pouvoit aimer les femmes,
Comment pouvoit-il les chanter?
    Pour célébrer etc.

Eve, pour un fruit délectable,
Damna les hommes; mais je dis
Que nous goûtons à cette table
Tous les plaisirs du Paradis.
    Pour célébrer etc.

La compagne du premier homme
Est-elle coupable à nos yeux?
Elle n'a mangé qu'une pomme,
Nous autres, nous en voulons deux.
    Pour célébrer etc.

Après nous, si Dieu trouva sage
De créer ce sexe enchanteur,
C'est que pour son dernier ouvrage
Il vouloit garder le meilleur.
 Pour célébrer etc.

Pour dire ici la plus jolie,
 Il faudroit un Pâris nouveau,
De sa pomme encor, je parie,
Chaque dame auroit un morceau.
 Pour célébrer etc.

O vous, qu'en secret mon cœur nomme,
En voyant vos attraits si doux,
Pâris vous eût donné la pomme :
Adam l'auroit prise de vous.
 Pour célébrer etc.

Tendres mères qui, sur vos traces
Menez vos filles en ce jour,
On voit qu'il n'appartient qu'aux Grâces
De donner naissance à l'Amour.
 Pour célébrer etc.

Beau sexe, je vous rends les armes,
Mais je me vois dans l'embarras :

Pour boire à chacun de vos charmes
La cave ne suffira pas.
   Pour célébrer etc.

EPILOGUE.

J'entends la critique sévère
Me dire: Il faudroit s'arrêter.
   (*Aux Dames.*)
Vous qui possédez l'art de plaire,
Prêtez-le moi pour vous chanter.

   Pour célébrer les Dames
   Redoublons tous d'ardeur:
   Amis, chanter les femmes,
   C'est chanter le bonheur.

M. JACQUELIN.

MA FEMME.

CHANSON BOURGEOISE.

AIR: *Mon père étoit pot.*

Je n'eus jamais le vain désir
   De vivre dans l'histoire :
Un galoubet ne peut servir
   De trompette à la gloire.
     Joyeux troubadour,
     J'ai chanté l'Amour,
   Et sans changer de gamme,
     Toujours plus heureux
     Et plus amoureux
Je vais chanter ma femme.

Chanter ma femme ! un tel projet
   Demande un peu d'adresse ;
Tout autre à ma place craindroit
   De fâcher sa maîtresse.
     L'Hymen glorieux !
     L'Amour furieux !
   Cela fait presque un drame !....
     Oui, mais dans ce jour
     L'Hymen et l'Amour
Ne font qu'un chez ma femme.

Lorsque dans un rêve amoureux
  J'inventois une belle,
J'enfantois, rimeur généreux
  Mille couplets pour elle.
    Mes vers à Doris,
    Mes vers pour Chloris,
  Rempliroient une rame;
    Le tour est plaisant,
    Je sens à présent
Que je chantois ma femme.

Faut-il vous peindre sa bonté?
  Sa douceur qui m'enchante?
De son esprit, de sa beauté,
  Faut-il que je me vante?
    Un mari coquet
    S'expose au caquet,
  Et je crains l'épigramme;
    Sans tant bavarder,
    Vaut mieux posséder
Que de chanter ma femme.

      M. Armand-Gouffé.

LA FATALITÉ.

AIR: *J'ai vu partout dans mes voyages.*

Il n'est jamais d'effet sans cause;
Tout est prévu par le destin;
Fait important, petite chose,
Devoit être, c'est très-certain.
Le sort, qui de tout est le maître,
N'a changé ni ne changera;
Et cette chanson devoit être:
La preuve en est que la voilà.

Pour me charmer vous deviez naître
Pleine de graces, de beauté;
A cet instant je devois être
Folâtrant à votre côté.
Enfin, d'après la loi suprême
Que le destin tient par écrit,
Je dus vous dire: je vous aime;
Rien n'est plus vrai, car je l'ai dit.

Cédez à votre destinée;
C'est l'ordre que toujours je suis:
Pour mon bonheur vous êtes née;
Pour vous adorer je le suis.

En vain vous voulez vous défendre ;
Nos sentimens nous sont prescrits :
Ce baiser.... je devois le prendre ;
Rien n'est plus vrai, car je l'ai pris.

Vous fixez les yeux vers la terre,
Plus vivement vous respirez :
Mais qu'avez-vous ? pourquoi me taire
Ce qui fait que vous soupirez ?
Goûtons les plaisirs qu'Amour donne :
Destin, je crois à ta bonté ....
J'entends quelqu'un ; on frappe ... on sonne.
Grands dieux ! quelle fatalité !

M. E. DESPRÉAUX.

LE POSTE DES AMOURS.

De petits Amours en gaîté,
Ayant un jour fui de Cythère,
Virent une jeune beauté,
C'étoit ma charmante Glycère.
Volons-y, dit un déserteur;
Vîte ils entourent ma maîtresse:
Glycère étoit comme une fleur
Qu'un essaim d'abeilles caresse.

Deux amours occupent ses yeux,
Un autre ses lèvres de rose;
L'un se blottit dans ses cheveux,
Sur son menton l'autre repose.
Voilà que sur son sein de lys
Tombe l'un de ces bons apôtres:
Convenez, dit-il, mes amis,
Que mon poste vaut tous les vôtres.

Pour occuper le même endroit
Ils étoient tous prêts à se battre;
L'un d'eux par ce discours adroit,
Augmenta leur ardeur folâtre.
Cherchons pour en venir aux mains
Un poste plus aimable encore.
,, Alte-là, Messieurs les mutins,
,, Il n'est qu'à l'amant qu'elle adore.,,

M. JACQUELIN.

LA GAZE.

Air: *La comédie est un miroir.*
ou: *J'étois bon chasseur autrefois.*

L'homme, dans son premier séjour,
Eut pour voile son innocence;
Mais pour augmenter son amour,
Sa femme inventa la décence.
Craignant qu'il ne conservât pas
Pour ses charmes sa tendre extase,
Elle couvrit ses doux appas
D'une feuille au défaut de gaze.

Souvent la beauté m'éblouit,
Mais c'est la pudeur qui m'attache:
Je fuis la belle qui me suit,
Je poursuis celle qui se cache.
Le voile est un joli secret;
Moins on voit, et plus on s'embrase;
De Vénus le plus doux attrait
Étoit sa ceinture de gaze.

Qu'ils étoient gênans, ces habits
Que jadis portoient nos grand-mères!
Grands paniers, robes à grands plis,
Contre l'amour que de barrières!

La mode aujourd'hui par bonheur,
Prenant la liberté pour base,
Entre le plaisir et l'honneur
Ne laisse plus rien qu'une gaze.

Lorsque nous peignons le plaisir,
Voilons avec goût son image :
Un léger obstacle au désir
Fait qu'on désire davantage.
Sans vêtemens la volupté
Bientôt nous dégoûte et nous blase:
Pour faire aimer notre gaîté,
Amis! n'oublions point la gaze.

M. L. P. Ségur l'aîné.

LA LIBERTÉ.

A NICE.

(Pièce traduite de Métastase.)

AIR: *Il faut quitter ce que j'adore.*
ou: *J'ai vû partout dans mes voyages.*

Grace à tant de coquetteries,
O Nice! je respire enfin:
Les dieux, grace à tes perfidies,
Ont pris pitié de mon destin.
Mon fol amour, fruit du mensonge,
Par ma raison est emporté;
Ma liberté n'est plus un songe;
J'ai retrouvé ma liberté.

Qu'elle est loin, cette vive flamme
Qui me poursuivait chaque jour!
Le dédain n'est point dans mon âme;
Il ne peut y masquer l'amour.
Qu'à te nommer on se hasarde,
Je ne change plus de couleur;
Que tu paraisses, je regarde,
Et ne sens plus battre mon cœur.

Dans mes songes, si je sommeille,
Tes traits ne viennent plus s'offrir;
Quand, le matin, je me réveille,
Tu n'as plus mon premier soupir.
Loin de toi mon ame n'éprouve
Aucun regret, aucun désir;
Et près de toi si je me trouve,
J'y suis sans peine et sans plaisir.

A ta beauté, je rends justice,
Et mes sens n'en sont plus émus :
Je me plains de ton artifice,
Mais je ne m'en indigne plus.
J'ai su vaincre ce trouble extrême
Qu'en t'approchant je ressentais;
Et libre, avec mon rival même,
Je puis parler de tes attraits.

Quand je voulus vaincre ma flamme
(Je le confesse en rougissant),
La douleur déchira mon ame,
Je crus mourir au même instant;
Mais le péril était extrême :
Qui du joug prétend s'affranchir,
Qui veut se conquérir soi-même,
Ne doit pas craindre de souffrir.

Ainsi l'oiseau qui se dégage
Des filets qui l'ont arrêté,
S'échappe, laissant son plumage,
Mais recouvrant sa liberté.
Bientôt, doux prix de sa souffrance,
Son plumage perdu renaît :
Instruit par son expérience,
Il fuit les dangers qu'il connaît.

Je sais que tu soutiens sans cesse
Que malgré moi je te chéri,
Que je parle trop de tendresse
Pour un amant si bien guéri ;
Mais de ce frivole avantage,
Crois-moi, ne viens plus te vanter :
On aime à parler du naufrage
Quand il n'est plus à redouter.

Je laisse une amante volage ;
Tu perds un cœur trop amoureux :
Qui de nous deux est le plus sage ?
Qui doit s'affliger de nous deux ?
Tu ne tiendras plus dans ta chaîne
Un amant si tendre que moi ;
Et je pourrai trouver sans peine
Une coquette comme toi.

Madame P<small>ERRIER</small>.

LE BON DIEU.

~~~~~

Air: *Du Vaudeville de Figaro.*

Cœurs sensibles, cœurs fidèles,
Chantez un Hymne à l'Amour.
Moineaux, pinsons, tourterelles,
Célébrez-le tour-à-tour !
Le plaisir est sur ses ailes;
Il le répand en tout lieu......
Oui, l'Amour est le bon Dieu.

L'Amour est l'essence pure
De tous les êtres divers :
C'est le feu de la Nature,
Il anime l'Univers.
La plus belle créature
De l'Amour n'est rien qu'un jeu;
C'est l'ouvrage du bon Dieu.

Que d'abord ce Dieu suprême,
Par dessus tout soit chéri.
Aimez celui qui vous aime,
Seroit-il votre mari :
(C'est votre prochain de même)...
N'éteignez jamais le feu
Sur le flambeau du bon Dieu.

Amans, si vos pastourelles
Couronnent vos feux un jour,
Aimez-les, soyez fidèles,
C'est le culte de l'Amour.
Mais si vous trompez les belles,
Si vous en faites un jeu,
Vous offensez le bon Dieu.

Pour que l'Amour vous protége,
,, Aimez. ,, C'est toute la loi.
Auriez-vous le privilège
De violer votre foi?
Cet énorme sacrilège
Doit vous effrayer un peu;
Il fait pleurer le bon Dieu.

Amour! Dieu de la Nature,
Je t'invoque en ce moment:
Guéris-moi, je t'en conjure,
Des désirs du changement.
Que ma flamme toujours pure,
Brûlant sur le même autel,
Soit mon bonheur éternel.

M. Duprat.

LES TROIS PARTIES DU JOUR.

Dès que le jour vient de naître,
Mon Eglé, je pense à toi;
Avant de me voir paroître,
Ton cœur s'occupe de moi.
Les oiseaux dorment encore
Que tu chantes notre amour;
Je dois préférer l'aurore,
A tous les instans du jour.

Midi sonne et sous l'ombrage,
On rassemble les troupeaux:
Lors, des bergers du village,
On entend les chalumeaux.
Mais nous cherchons au bocage
Et le silence et l'amour:
Lequel aimer davantage,
De ces deux momens du jour?

Le soir vient, et de la plaine
Chacun s'éloigne à pas lents;
Un même instinct nous y mène,
Pour saisir ces doux momens.
On se voit à peine encore....
Qui nous guide? c'est l'amour.
Dis, aimes-tu mieux l'aurore
Que la fin d'un si beau jour?

M. J. A. Ségur.

LES PLATS.

CHANSON DE TABLE.

AIR: *Çà ne s'peut pas.*

On fait bien des chansons nouvelles,
On chante sur tout et sur rien ;
Tous les jours on chante les belles,
Les gens d'esprit, les gens de bien.
On chante les grands de ce monde,
Mais d'être chantés ils sont las :
Pour être goûtés à la ronde,
  Chantons les plats.   (*bis.*)

On fait une assez froide mine
A Paul chez qui l'on mange peu :
Mais Mondor a bonne cuisine,
On le sert toujours avec feu.
Un chapon ou deux minces grives
Chez Paul forment les grands galas.
Chez Mondor autant de convives,
  Autant de plats.   (*bis.*)

De nos Crésus quand vient la fête,
Si chacun veut les couronner,
C'est que chez eux chacun s'apprête
A faire un succulent dîner.
Pourquoi crier jusqu'au délire,
Vivent Marc, Roch, Luc, Loup, Colas?
On devroit tout simplement dire:
  Vivent les plats !   (*bis*.)

Voyez deux-à-deux, quatre-à-quatre
Nos Rodomons et leurs témoins !
Ah ! comme ils brûlent de se battre !
Ils vont s'égorger.... pour le moins.
On déjeûne, on fait bonne chère,
On rengaîne les coutelas....
Pour finir gaîment une affaire,
  Vivent les plats !   (*bis.*)

J'aime à dîner entre deux belles,
Ou bien entre deux bons voisins:
Soit avec eux, soit avec elles,
J'aime à me voir entre deux vins ;
Mais je serois inconsolable
Si le sort m'ordonnoit, hélas !
De figurer un jour à table,
  Entre deux plats.   (*bis.*)

Sans les plats on verroit le monde
Changer de figure avant peu :
Aussi, quand le tonnerre gronde,
Mes chers amis, voici mon vœu :
„Ah ! sur le pays où nous sommes,
„Si la foudre tombe en éclats,
„Grand Dieu ! pour le bonheur des hommes
  „Sauvez les plats !" (*bis.*)

M. ARMAND-GOUFFÉ.

COUPLETS A MON INFIDELLE.

Six mois me laissant mon erreur,
Je fus l'esclave de tes charmes :
Le souvenir de mon bonheur
De regret m'arrache des larmes.
De ton cœur, en s'offrant à toi,
Un autre effaça mon image.
S'il fut plus aimable que moi
Il ne put t'aimer davantage.

Tu n'entendras jamais de moi
Aucun reproche, aucune plainte.
De l'Amour subit-on la loi ?
Ce ne peut être par contrainte.
Tu m'aimois et tu m'as quitté,
J'en cherche vainement la cause :
Mais je sais que de volupté
Six mois sont toujours quelque chose.

On me disoit que la beauté
Presque toujours étoit légère ;
Il faut donc que l'amant quitté
De revoir son amante espère.
Soit par caprice ou par retour,
Recherchant encor ma présence,
Si tu reprenois ton amour,
Moi, j'oublîrois ton inconstance.

M. JACQUELIN.

CHANSON DE PLUTON,

CHIEN FIDÈLE.

AIR: *De la pipe de tabac.*
ou: *Avec les jeux dans le village.*

Auprès de ma belle maîtresse
Je trouve mon poste fort doux;
Et lorsque sa main me caresse,
Je dois faire bien des jaloux.
Mais quand c'est sa bouche jolie,
Quand son visage est près du mien,
Chacun voudroit, je le parie,
Etre alors traité comme un chien.

Parle-t-on d'un être fidèle,
Près d'elle assis, couché, debout,
En tous lieux courant après elle,
Et toujours lui rapportant tout,
A ses genoux passant sa vie,
La défendant comme son bien;
Chacun dira, je le parie,
C'est, ou son époux, ou son chien.

On sait bien que je suis l'emblême
D'une rare fidélité :
Je n'y vois, quand c'est vous que j'aime,
Aucun mérite, en vérité.
Mon mérite est, je le confesse,
Et n'allez pas vous en mocquer,
De ne pas mordre ma maîtresse,
La trouvant gentille à croquer.

M. L. P. Ségur, l'aîné.

LA MÉDIOCRITÉ.

Conseils d'une mère à ses enfans.

~~~~~

Air: *J'ai vu partout dans mes voyages.*
ou: *Si Pauline est dans l'indigence.*

Sont-ce les honneurs, la richesse
Qui donnent la félicité?
Non, mes enfans, c'est la sagesse,
Les talens et la probité.
Une saine philosophie,
Prouve en montrant la vérité,
Que le vrai bonheur de la vie
Est dans la médiocrité.

Un courtisan qui s'humilie,
Ne peut rencontrer le bonheur;
L'ambitieux rongé d'envie
L'éloigne à jamais de son cœur;
Avec une épouse chérie,
Riche en vertus comme en beauté,
La félicité de la vie
Est dans la médiocrité.

Loin du tumulte et de l'orage,
En paix descendre dans son cœur;
Etre honnête, sensible et sage,
Sans jalousie et sans humeur;
Dans les plaisirs point de folie,
Qui détruise la pureté,
Alors le vrai bien de la vie
Est dans la médiocrité.

Pour bannir la mélancolie,
Savoir cultiver les talens;
D'une société choisie
Partager les doux passe-temps:
C'est dans cette simple harmonie
Que l'on prouve avec vérité,
Que le vrai bonheur de la vie
Est dans la médiocrité.

On vit heureux dans la chaumière
Et rarement dans les palais;
Les plus grands trésors de la terre
Ne mettent pas le cœur en paix;
Mais pour jouir de la nature
Et goûter la félicité,
Le vrai bonheur d'une âme pure
Est dans la médiocrité.

Madame PERRIER.

IL FAUT AIMER.

A Cythère où Vénus repose,
Un Sylphe transporté d'amour,
Pour un joli bouton de rose,
Voltigeoit sans cesse à l'entour.
Plein de désir de faire éclore
Pour lui, la plus belle des fleurs,
Avec ses aîles, de l'Aurore
Sur elle il répandoit les pleurs.

En dépit de cette caresse,
Bouton refuse de s'ouvrir :
Las d'être rebuté sans cesse,
Déjà le Sylphe va s'enfuir.
La fleur ouvre alors son calice;
Aussitôt le Sylphe amoureux,
S'y reposant avec délice,
Fit le bonheur de tous les deux.

C'est à vous que cela s'adresse,
Beautés, que l'Amour fait rêver :
A l'objet de votre tendresse
Ne craignez pas de la prouver.
Souvent à faire trop attendre,
On perd l'amant cher à son cœur;
Ne vaut-il pas bien mieux se rendre
Que de risquer tout son bonheur?

M. JACQUELIN.

CANTIQUE
pour la fête de Madame M***

~~~~~~

Alleluia, Alleluia, Alleluia.

Votre fête est un si beau jour!
Nous en attendions le retour,
Louise, enfin nous y voilà!
  Alleluia.

Tous les fronts sont épanouis,
Et tous les cœurs sont réjouis,
Lorsque vient cette fête-là.
  Alleluia.

Que j'aime à voir ornés de fleurs,
Tous ces biscuits tournés en cœurs,
Ces cœurs de sucre et de nouga!
  Alleluia.

Si tous les cœurs qui sont à vous,
Pouvoient se montrer hors de nous,
Vous en auriez un bien grand plat.
  Alleluia.

Si vous étiez riche en écus,
Comme vous l'êtes en vertus,
Vous auriez tout le Canada.
  Alleluia.

Tous vos vassaux vous béniroient;
Les voyageurs vous nommeroient
La Marquise de Caraba.
   Alleluia.

Mais on peut être, Dieu merci,
Joyeuse, aimable et sans souci,
Sans posséder un Marquisat.
   Alleluia.

Or sus, amis, de la gaîté!
Trinquons, buvons à la santé
De la patrone que voilà.
   Alleluia.

Ah! qu'il doit être fier aussi,
Le glorieux patron d'ici,
Heureux époux, heureux papa!
   Alleluia.

  Alleluia, Alleluia, Alleluia.

M. DUPRAT.

ÉLOGE ET PORTRAIT D'UN AMI.

Air: *Chantez, dansez.*

Jetez les yeux sur le Portrait
Du tendre Ami que je regrette,
Et vous verrez, dans chaque trait,
L'affreuse perte que j'ai faite,
De tels amis qu'on a perdus,
Hélas! ne se retrouvent plus.

Beau sans orgueil, doux et vaillant,
Sensible, complaisant, aimable,
Il était gai, bon, mais bouillant,
Et pour les fripons implacable;
Son esprit, sans être méchant,
Pour les méchans était mordant.

Toujours vêtu du même habit,
Méprisant et fortune et gloire,
Le pain calmait son appétit,
Et l'eau lui suffisait pour boire.
Des philosophes d'à-présent,
Je doute qu'on en dise autant.

Tendre et constant en amitié,
Quoiqu'aimant la brune et la blonde,
Sans intérêt, il m'eût à pied
Suivi jusques au bout du monde :
Quand la Fortune me quitta,
A mon dîner, seul, il resta.

Mais des Amis tel est le sort :
Quelquefois ils sont en querelle.
Je le grondais souvent à tort ;
Il redoublait alors de zèle.
Sur mes désirs réglant son goût,
C'est à moi qu'il rapportait tout.

Le voilà peint tel qu'il était,
Des Amis le parfait modèle,
Toujours égal, toujours discret,
Au même Ami toujours fidèle ;
Etait-ce un homme....? mon Dieu ! non ;
C'était mon pauvre chien Pluton.

M. L. P. Ségur l'ainé.

A UNE JOLIE DÉVOTE.

En vous voyant dans le saint lieu,
Je me forme l'idée impie,
Que vous rendez graces à Dieu
Qui vous a faite si jolie.
Mais l'orgueil est mal, entre nous.
Ce qui fait excuser le vôtre,
C'est qu'étant belle comme vous,
On peut en avoir plus qu'une autre.

Venez-vous pour d'autres péchés
Implorer la bonté divine?
Vainement vous me les cachez,
Je suis sûr que je les devine.
Oui, restez aux pieds des autels,
Ah! combien vous êtes coupable!
Vous enflammez tous les mortels
Et les faites donner au diable.

Si j'appartiens à Belzébut
De vos jolis yeux c'est l'ouvrage;
Mais de faire un jour mon salut,
Je puis vous devoir l'avantage.
Ah! daignez partager mes feux:
Libre de toute inquiétude,
Alors, je goûterai des cieux
La parfaite béatitude.

M. JAQUELIN.

LE COEUR DE LISE.

AIR: *V'là c'que c'est qu'd'aller au bois.*

On s'attendrit sur le malheur;
V'là c'que c'est qu'd'avoir un cœur!
L'autre jour un jeune chasseur
   Pleuroit près de Lise,
   Et Lise surprise,
Du chasseur plaignit la douleur;
V'là c'que c'est qu'd'avoir un cœur.

Lise reste près du chasseur,
V'là c'que c'est qu'd'avoir un cœur:
Elle lui dit avec douceur:
   Parlez, beau jeune homme;
   Mon Dieu, mon Dieu! comme
Vous paroissez triste et rêveur!
V'là c'que c'est qu'd'avoir un cœur.

Hélas! oui, répond le chasseur;
V'là c'que c'est qu'd'avoir un cœur.
J'étois jadis de bonne humeur,
   Maintenant je pleure
   Je pleure à toute heure.
Depuis qu'Amour est mon vainqueur;
V'là c'que c'est qu'd'avoir un cœur.

Voyez, dit Lise, ma rougeur,
V'là c'que c'est qu'd'avoir un cœur.
Le seul nom d'amour me fait peur;
   Votre ton redouble
   Ma crainte et mon trouble;
Le cœur me bat, sur mon honneur;
V'là c'que c'est qu'd'avoir un cœur.

Grand Dieu ! s'écria le chasseur,
V'là c'que c'est qu'd'avoir un cœur.
Quoi! vous partagez mon ardeur?
   Quel bonheur suprême!
   Car c'est vous que j'aime.....
Lise sourit et n'a plus peur :
V'là c'que c'est qu'd'avoir un cœur.

Lise tombe auprès du chasseur;
V'là c'que c'est qu'd'avoir un cœur.
Elle possédoit une fleur;
   Le chasseur l'a prise :
   Il faut, pauvre Lise,
La céder malgré ta douleur;
V'là c'que c'est qu'd'avoir un cœur.

Rien ne résiste au beau chasseur;
V'là c'que c'est qu'd'avoir un cœur.
Et dans ce moment enchanteur,

L'oiseau du bocage,
L'écho du rivage,
Et les amours chantaient en chœur;
V'là c'que c'est qu'd'avoir un cœur.

Il faut se quitter, quel malheur!
V'là c'que c'est qu'd'avoir un cœur.
Le chasseur, qui n'est qu'un trompeur,
En riant sous cape,
Lestement s'échappe;
Lise reste avec sa douleur;
V'là c'que c'est qu'd'avoir un cœur.

Chaque jour accroît sa langueur;
V'là c'que c'est qu'd'avoir un cœur.
Chaque jour ternit sa fraîcheur,
Et de la bergère
La taille légère
Prend chaque jour de la rondeur...
V'là c'que c'est qu'd'avoir un cœur!

M. ARMAND-GOUFFÉ.

LE COEUR SUR LA MAIN.

Air *du Vaudeville des petits montagnards,*
ou *J'ai vu partout dans mes voyages.*

Amis, j'ai par inadvertance
Perdu mon sujet en chemin.
C'est *la main sur le cœur*, je pense,
Si ce n'est *le cœur sur la main*.
Pour mon plaisir et pour le vôtre,
Si j'enfreins un peu nos décrets,
Qu'importe que l'un soit sur l'autre?
N'y regardons pas de si près.

Souvent, de les confondre ensemble,
Lise me fait la douce loi,
Lorsque l'amour qui nous rassemble,
Fait asseoir Lise auprès de moi.
Fier des trésors dont je dispose,
Sais-je, dans ce trouble enchanteur,
Si *son cœur sur ma main* repose,
Ou si *sa main* est *sur mon cœur?*

Ces deux mots sont tout quand on aime;
L'un peint la générosité;
Dans l'autre je vois un emblême
De franchise et de loyauté.

Cœur sur la main près d'une belle,
Quand l'amant donne est bien flatteur;
Et s'il promet d'être fidèle,
Qu'alors *la main* soit *sur le cœur*.

Hélas! dans le siècle où nous sommes,
Siècle si fécond en malheurs!
C'est un bonheur pour bien des hommes,
Qu'on ne lise pas dans les cœurs.
Combien de mortels méprisables,
Qui portent le crime en leur sein,
Paroîtroient encor plus coupables,
S'ils avoient *le cœur sur la main!*

M. Prévôt d'Iray.

A PIERRE BARRÉ,

DIRECTEUR DU VAUDEVILLE,

Le Jour de sa Fête.

―――

(Pot-pourri.) AIR: *Des Pierrots.*

Muse, allons, qu'un couplet facile
Pour *Pierre* s'échappe du cœur,
C'est la fête du Vaudeville,
Puisque *Pierre* est son Directeur;
Momus, la fête qui t'est chère
Doit inspirer ton nourrisson;
N'est-on pas sûr en chantant *Pierre*
De chanter aussi la chanson?

Vraiment, chaque saison m'étonne, (*)
Pierre n'a pas mal débuté;
Le Printems plaît comme l'Automne;
L'Hiver est frais.... comme l'Été.

―――

(*) Tout le monde connoît les quatre Saisons de MM. Piis et Barré.

La Nature qu'il vouloit peindre
Lui dit un secret demandé;
Elle auroit grand tort de se plaindre,
Car *Pierre* l'a toujours gardé.

Après trente ans le goût s'honore
De tous ces tableaux séduisans;
Après trente ans on chante encore
Ces refrains toujours amusans.
Si le tems est l'effroi des belles,
Il respecte auteurs et guerriers;
Et s'il fane les fleurs nouvelles,
Il embellit les vieux lauriers.

Depuis ce tems-là que d'ouvrages!
Je me trompe, que de succès!
Que de leçons pour tous les âges!
Que d'heureux mots, de fins couplets!
Colombine si résolue,
Cassandre et Gilles si plaisans,
Enfin la *Danse interrompue*,
Qui ne l'est pas depuis dix ans.

Scarron réclame mon hommage,
C'est le plus juste des tributs:
Son hymen est le mariage
Et de Thalie et de Momus.

Critique fine et délicate,
Toujours le trait, toujours le mot....
Si le héros est cul-de-jatte,
Le spectateur n'est pas manchot.

Air: *Ce magistrat irréprochable*. (De M. Guillaume.)

Mais un autre nom que l'on cite,
Ici me fait changer de ton,
Pour rappeler tout ton mérite,
Guillaume, il suffit de ton nom.
Messieurs, j'en atteste l'ivresse
Que montre un public enchanté;
Le héros, les auteurs, la pièce,
Sont sûrs de l'immortalité.

Air: *Des Pierrots.*

A tous ces titres, moi j'ajoute
Un titre dont je suis plus fier:
Pierre m'a conduit dans la route
Du vaudeville qui m'est cher;
C'est à sa bonté complaisante
Que je dus un accueil flatteur:
Quand le favori nous présente,
On peut compter sur la faveur.

AIR: *Dans ce sallon où du Poussin.*

Mais je m'aperçois d'une erreur,
Je n'ai parlé que du poéte,
De *Pierre* j'oubliois le cœur,
Et son cœur vaut mieux que sa tête.
Humain, sensible et généreux,
Du sort réparant les outrages,
Tous les jours il fait des heureux
Pour faire encor de bons ouvrages.

AIR: *Des Pierrots.*

Vous qui venez pour fêter *Pierre*,
Mes amis, adoptez mon plan :
Ce patron ne lui convient guère,
Il ne vient qu'une fois par an :
Débaptisons donc ce brave homme ;
Et puisque nous l'aimons toujours,
C'est *Aimé* qu'il faut qu'on le nomme,
Sa fête viendra tous les jours.

M. CHAZET.

LA POLICE A CYTHÈRE.

AIR: *De Réné le sage.*

Je ne puis souffrir les abus,
Qui s'introduisent à Cythère,
Dit un jour le fils de Vénus,
D'un ton imposant et sévère :
C'en est trop, ne permettons pas
Qu'ici leur règne s'établisse,
Et dans le sein de mes états,
Mettons au plutôt la police.

Je fixe mon bureau central
Au temple même de cette île;
Le mystère dans ce local
Trouva toujours un sûr asyle.
Je forme deux divisions,
Pour tracer maintes apostilles,
Sur la conduite des garçons
Ainsi que sur celle des filles.

De mes yeux, j'ôte ce bandeau:
Un chef a besoin de lumière;
Que l'éclat seul de mon flambeau
Me guide partout et m'éclaire.

Choix

Je prends les Plaisirs pour commis,
Zéphire pour mon sécrétaire,
Pour inspecteurs les Jeux, les Ris,
Et l'Espoir pour surnuméraire.

Pour signaler dès ce moment
L'ouverture de la séance,
Voici sur un point important
Quelle est ma première ordonnance:
Défendons d'offrir à Plutus
Un encens vil et mercénaire;
Tous les cultes sont défendus,
Hors celui qu'on doit à ma mère.

De ce domaine interdisons
Tout accès à l'indifférence;
Et pour jamais en bannissons
La jalousie et l'inconstance.
Supprimons tout déguisement,
Par intérêt pour l'innocence,
Qui devient beaucoup trop souvent
Dupe de la fausse apparence.

De chaque tendron qui viendra
Prendre domicile à Cythère,
Avec soin on visitera
Le passeport sur la frontière;

Si dans la pièce le visa
Trouve quelque forme erronnée,
Sur le champ l'on exportera,
La belle aux terres d'Hyménée.

Le vol exige également
La plus exacte surveillance;
Il s'exécute impunément
Et semble braver ma puissance.
Or, l'amant qui dérobera
Un baiser à l'objet qu'il aime,
Sans rappel en restituera
Deux fois autant au moment même.

Sera le présent Arrêté
Aux archives, en ma présence,
Remis par la Fidélité
Sous la garde de la Prudence.
Fait à Paphos, le second jour
Du mois qui fleurit la nature;
Signé par moi, Dieu de l'amour,
L'an premier de ma Préfecture.

M. DE PIIS.

L'ÉCHO.

Air: *Si Pauline est dans l'indigence.*

Zoé, qui te regarde
garde
De toi le plus doux souvenir,
Et tout plein de tendresse
dresse
Mille plans pour te conquérir.
D'amour la pétulance
lance
Dans son cœur ses traits tous les jours,
Et son âme renferme
ferme
Désir de t'adorer toujours.

Celle que j'examine
mine
Mon cœur et me rend malheureux,
Fol amour, doit attendre
tendre
Regard de son œil langoureux;

Quand l'amour intercède,
cède
Femme divine, à mon désir;
Le tems s'envole, évite
vite
De perdre un instant de plaisir.

Mon renvoi tu concertes,
certes
Crois que je n'obéirai pas,
Et l'amour que j'éprouve,
prouve
Combien j'adore tes appas.
Mais ma Zoé sans doute
doute
Encor de ma brûlante ardeur;
Eh bien! permets qu'Etienne
tienne
Et presse ta main sur son cœur.

M. ÉTIENNE DESPRÉAUX.

LES SOUHAITS.

Dieu voulut d'abord que la terre
Ne vit partout que des heureux;
Mais l'homme, en traversant ses vœux,
Le contraignit d'être sévère:
Aux souhaits il livra leur cœur,
Pour rêver, du moins, au bonheur.

Dieu, s'expliquant, dit en colère,
Qu'il bornoit nos vœux; mais, hélas!
L'homme, insensé, ne le crut pas,
A ses souhaits donna carrière:
Et nul ne s'avisa, dit-on,
De souhaiter de la raison.

Mais sur ce point, notre folie
Nous est encor d'un grand secours.
Les vœux éloignent, de nos jours,
La langueur, la monotonie.
Qui n'a plus de vœux à former,
Est tout près de ne rien aimer.

De nos souhaits, naît l'espérance,
De l'espérance, le repos:
C'est un remède à tous les maux,
Du pauvre c'est la jouissance.
Ils consolent le souvenir
Et le présent, par l'avenir.

M. J. A. SÉGUR.

LES APPLAUDISSEMENS.

AIR: *De la croisée.*

Jamais les applaudissemens
N'auront, je crois, d'effet funeste;
Ces sons flatteurs, ces sons charmans
Ont une origine céleste.
Car lorsque le grand Jupiter
Eut fait, par son souffle suprême,
L'onde, le feu, la terre, et l'air,
  Il s'applaudit lui-même.

„Nos vers survivront à l'airain,
Disoient Virgile, Ovide, Horace.
„Applaudissons-nous; c'est en vain
„Que la faulx du temps nous menace.„
Et, tout en chantant ce refrain,
Ils claquoient de si bonne grace,
Que le bruit de leurs coups de main
  Dure encore au Parnasse.

Et Térence, on sait par quels mots
Il finit la dernière scène
D'*Heauton-Timorumenos*,
De *l'Eunuque* et de *l'Andrienne.*

„ Oui, dit-il, peuple citoyen,
„ Je suis jaloux de ton suffrage;
„ Bon jour, bon soir, porte-toi bien,
   „ Mais claque mon ouvrage. „

Lemierre, aux loges se postoit
Pour applaudir sa propre pièce;
Et si quelqu'un l'en plaisantoit,
Il répondoit avec rudesse :
„ Si je me claque, à tour de bras,
„ C'est qu'il n'est point d'ami fidèle
„ Qui m'applaudisse en pareil cas,
   „ Avec autant de zèle. „

D'après ces exemples divers,
Amis, faisons tous la partie,
Lorsque nous publierons des vers,
De mettre à part la modestie.
Loin de résister à l'orgueil,
Livrons-nous à sa douce attaque :
L'humilité, qui baisse l'œil,
   Ne vaut pas une claque.

F I N.

www.ingramcontent.com/pod-product-compliance
Lightning Source LLC
Chambersburg PA
CBHW070648170426
43200CB00010B/2165